HEYNE
BÜCHER

PETER UND GISELA RIPOTA

DIE KUNST DES HANDLESENS

Das Schicksal aus den Linien der Hand ablesen

Originalausgabe

WILHELM HEYNE VERLAG
MÜNCHEN

HEYNE RATGEBER
08/9466

8. Auflage
1. Auflage dieser Ausgabe

Printed in Germany 1993
Zeichnungen: Hannes Fleischer, München
Umschlagillustration:
Bavaria Bildagentur/Hans Reinhard/Gauting
Umschlaggestaltung: Atelier Adolf Bachmann, Reischach
Satz: Schaber, Wels/Österreich
Druck und Bindung: Ebner Ulm

ISBN 3-453-06998-6

Inhalt

Einleitung 9
Die Sieben Goldenen Regeln des Handlesens 12
Einige nützliche Hinweise 16
Kurzlehrgang der Handlesekunst 20
Problem Nr. 1: Sie sind ein Freund rascher Entschlüsse? 26
Problem Nr. 2: Sind Sie tolerant? 32
Problem Nr. 3: Sind Sie eigensinnig? 36
Problem Nr. 4: Sind Sie partnerbezogen? 40
Problem Nr. 5: Sind Sie erfolgreich? 45
Problem Nr. 6: Verlieren Sie leicht die Beherrschung? 51
Problem Nr. 7: Sind Sie ängstlich oder gehemmt? 54
Problem Nr. 8: Sind Sie ein Schauspieler? 56
... und zum Abschluß: Wie steht's denn mit der Liebe? 58

Kleine Systematik der Handlinien 65
Lebenslinie 67
Hemmungslinie 80
Kopflinie 81
Herzlinie 101
Affenfurche 113
Schicksalslinie 114
Kunstlinie 125
Bewegungslinie 130
Liebeslinien 136

Geschichte und Theorie der Handlesekunst 146

Beispiele und Aufgaben

Beispiel 1: Familie G. 154
Beispiel 2: Ein bedeutender Mann 161
Aufgabe 1 164
Aufgabe 2 166
Aufgabe 3 167
Aufgabe 4 168
Aufgabe 5 169
Aufgabe 6 170
Aufgabe 7 170
Aufgabe 8 172
Aufgabe 9 174
Aufgabe 10 174

Lösungen zu den Aufgaben 176

Ausblick 180
Literatur 183

Gott schuf Zeichen und Siegel
in den Händen aller Söhne der Menschen,
auf daß die Söhne der Menschen
ihre Werke kennen.

HIOB, 37/7

Einleitung

Sie sitzen im Zug und langweilen sich; statt des Feuilletons Ihrer Zeitung würden Sie viel lieber mit Ihrem Nachbarn (oder Ihrer Nachbarin) plaudern, doch wie beginnt man ein Gespräch?

Sie sind auf einer Party und kennen niemanden außer den Gastgeber, aber der hat keine Zeit für Sie. Keiner kümmert sich um Sie, und wenn Sie sich in ein Gespräch einmischen, glotzt man Sie dumm an. Was tun?

Ein Bekannter von Ihnen hat offensichtlich ein persönliches Problem. Sie haben das Gefühl, daß er mit Ihnen darüber reden möchte, aber Ihre Bekanntschaft ist in einem jener fatalen Zwischenstadien, in denen man zwar zu vertraut ist, um die nötige Gleichgültigkeit für ein intimes Gespräch aufzubringen, aber doch nicht vertraut genug, um einander das Herz auszuschütten. Wie finden Sie den Zugang zu Ihrem Bekannten?

Sie wechseln Ihre Stelle oder sollen einen Neubewerber beurteilen. Wichtig ist Ihnen Team-Geist, d. h., die Gruppe, in der Sie sind oder in die Sie wollen, soll durch Sie bzw. den Neuankömmling nicht gestört werden. Wie stellen Sie fest, ob eine glückliche Einordnung möglich ist?

Bei Ihnen oder Ihrem Partner geht in letzter Zeit, langsam, aber doch merklich, eine charakterliche Veränderung vor sich, die Sie ein wenig beunruhigt. Wird sich der Trend verstärken, handelt es sich um eine vorübergehende Erscheinung, und in welcher Richtung wird sich diese Veränderung fortsetzen?

Eine kleine Auswahl an Problemen, mit denen Sie im Alltag konfrontiert werden können (und sicher auch schon worden sind). Zur Lösung dieser Probleme gibt es eine einfache Methode: Handlesen! Oder, falls Ihnen der Ausdruck zu einfach erscheint: nennen wir es Chirologie. Mit Hilfe dieser Erfahrungswissenschaft können Sie

— auf einer Party im Mittelpunkt stehen, ob ihrer ungewöhnlichen Fähigkeiten bewundert werden und Schwung in eine langweilige Gesellschaft bringen;
— auf Anhieb mit wildfremden Menschen sinnvolle Gespräche führen, auch wenn Sie normalerweise zu schüchtern sind, sich nach dem Weg zu erkundigen;
— Ihren Mitmenschen bei persönlichen Gesprächen helfen und die Wandlungen Ihres eigenen Charakters studieren;
— eine Kurzbewertung fremder Menschen vornehmen, auch dann, wenn Sie ihnen nicht explizit die Hand lesen, Ihr Gegenüber also gar nichts davon bemerkt; und vieles andere mehr.

Sie meinen, wir übertreiben? Wir können Ihnen versichern, liebe Leser, daß wir all dies seit Jahren selbst praktizieren und damit immer Erfolg gehabt haben. Und das Tolle dabei ist: Sie brauchen dafür keine besonderen Fähigkeiten! Sie brauchen weder Zigeunerblut in Ihren Adern noch einen fünfmonatigen Lehrgang bei einem indischen Guru. Sie brauchen nicht einmal viele Bücher zu lesen (es sind ohnedies kaum welche auf dem Markt), denn Sie erlernen diese Kunst dadurch, daß Sie sie ausüben. Dazu gehört allerdings die Bereitschaft, mit anderen Menschen zu reden, ihnen zuzuhören, sie ernst zu nehmen, mit ihnen mitzufühlen und ihnen zu helfen, soweit es in Ihrer Macht steht. Sie müssen bereit sein, die Menschen Ihrer Umgebung — und natürlich sich selbst — zu beobachten, mit ihnen zu reden, sie zu befragen, Erfahrungen auszutauschen und aus den Erfahrungen immer wieder zu lernen. Eine Handlese-Sitzung sollte immer der Anstoß zu einem ernsthaften Gespräch sein, und Sie werden (wenn Sie diese Kunst praktizieren) erstaunt sein, wieviele Menschen zu einem derartigen Gespräch bereit sind.

Handlesen ist für uns keine Geheimwissenschaft, zu der nur wenige Zugang haben (und die ihr Wissen sorgfältig hüten), sondern ein Mittel zur *Kommunikation*, d. h. zu einer Verständigung zwischen den Menschen, zur Bereitschaft, sich aufzuschließen und mitzuteilen, über sich nachzudenken und sich in andere hineinzufühlen. In diesem Sinne wünschen wir Ihnen viel Glück bei Ihren Versuchen zur Erlernung und Ausübung der Chirologie!

Dieses Buch ist für die Praxis bestimmt. Wir beginnen daher nicht — wie die meisten anderen Bücher — mit einem historischen Überblick oder einer Systematik, sondern mit einem *Kurzlehrgang*. Dabei lernen Sie einige ganz einfach zu bestimmende Merkmale (die zudem immer auftreten), wobei Sie schon sehr wesentliche Aussagen über den betreffenden Menschen machen können. Erst dann folgt eine systematische Einführung (die auf Grund des Umfangs dieser Publikation notwendigerweise etwas kurz geraten ist), und ganz am Schluß beschäftigen wir uns mit der Theorie der Handlinien und der Handlesekunst. Allem voran stellen wir die Sieben Goldenen Regeln des Handlesens und teilen dem Leser mit, was mittels Chirologie erkannt — und vor allem, was nicht erkannt werden kann.

Die Sieben Goldenen Regeln des Handlesens

REGEL 1:

> Die *eigene Praxis* ist die wichtigste Quelle der Erkenntnis.

Das Studium von Büchern ist ein wertvolles Hilfsmittel, besonders dann, wenn man seine Kenntnisse verfeinern und z. B. die chirologische Krankheitsdiagnostik hinzunehmen will. Da es aber kein anerkanntes Lehrbuch und auch keine Lehrmeinung der Chirologie gibt, hilft einem doch am meisten, wenn man, im Anschluß an eine Sitzung, sozusagen als Gegenleistung sein Gegenüber nach der Wahrheit der gemachten Aussagen befragt. Auf diese Art schält sich ein Erfahrungsschatz heraus, mit dem das angestrebte Ziel — Kommunikation — immer erreicht werden kann.

REGEL 2:

> Voraussetzungen für die erfolgreiche Praxis sind *Einfühlungsvermögen, Takt* und *diplomatisches Geschick*.

Eine gewisse Sensibilität für die Eigenschaften, Bedürfnisse und Probleme seiner Mitmenschen ist unabdingbare Voraussetzung für jede Geistesdisziplin, die sich mit der Erkenntnis konkreter menschlicher Eigenschaften befaßt. Takt ist erforderlich, wenn man ein heikles Problem erkannt hat und dies seinem Gegenüber mitteilen will, ohne ihn zu verletzen (was besonders auf Parties zutrifft, wo die anderen erwartungsvoll zuhören). Diplomatie benötigt man, wenn der andere alles abstreitet und der Rest der Gesellschaft mithört. Dann muß man seinen Ruf retten, und das kann Schwierigkeiten bereiten.

REGEL 3:

Handlesen ist eine *ernste Angelegenheit* mit hoher Verantwortung für den Deuter.

Sie dürfen die Handlesekunst nie dazu mißbrauchen, im Mittelpunkt stehen oder ob Ihrer Fähigkeit bewundert werden zu wollen. Dies widerspricht nicht dem, was wir in der Einleitung gesagt haben. Der Ruhm, die Anerkennung und das Vertrauen, das man Ihnen entgegenbringt, sind Nebenprodukte, sehr erfreuliche zwar, aber niemals Ziele, die um ihrer selbst willen angestrebt werden dürfen. Hüten Sie sich davor, sonst entlarvt man Sie schnell als Bluffer! Denn wer das Vertrauen verliert, erhält auch keine Informationen. Da aber die Handlesekunst, wie wir in Regel 1 festgestellt haben, in erster Linie aus der Praxis lebt, haben Sie sich damit Ihre Existenzgrundlage selbst entzogen.
Zudem ist der Vorgang des Handlesens häufig eine delikate Angelegenheit. Wie bringen Sie Ihrem Gegenüber bei, daß seine/ihre Partnerschaft höchstwahrscheinlich auseinandergeht? Hier ein Rezept, das meist gut funkioniert: Tun Sie so, als sei das Ganze nicht so ernst zu nehmen. Das wird Ihnen um so leichter fallen, als die Chirologie ja keine anerkannte Wissenschaft ist. Also zählt allein die Übereinstimmung Ihrer Aussagen mit der Wirklichkeit — und diese Beurteilung überlassen Sie ruhig Ihrem Gegenüber.

REGEL 4:

Handlesen ist eine Form der *Kommunikation.*

Damit wollen wir folgendes sagen: Sie sind nicht der Große Meister, der mit gottähnlicher Entscheidungsbefugnis feststellt, was die anderen sind bzw. nicht sind, sondern Sie sind ein — durchaus fehlbarer — Sucher nach der Wahrheit, die Sie aber keineswegs gepachtet haben. Machen Sie aus Ihrem Wissen kein Geheimnis; falls Ihr Gegenüber interessiert ist, wie Sie das herausgefunden haben, sagen Sie's ihm, und scheuen Sie sich nicht vor einem Kurzlehrgang in Chirologie. Auf diese Weise wird die Kunst des Handlesens weiter verbreitet, und je mehr Menschen von ihrer Nützlichkeit überzeugt werden, desto eher wird die Kunst zu einer anerkannten Wissenschaft. Helfen Sie mit, die Handlesekunst ihres mystischen Nimbus zu entkleiden!

REGEL 5:

> Lesen Sie niemandem die Hände, der Sie Ihnen nicht *freiwillig* entgegenstreckt.

Mit ›freiwillig‹ meinen wir aber wirklich freiwillig; Zwang durch die Gruppe oder den Partner (»Nun zier dich nicht, die anderen haben's doch auch getan!«) sollten Sie nicht gestatten. Sonst passiert's Ihnen, daß Ihr Gegenüber alles abstreitet, und Sie können nichts dagegen machen. (In solchen Fällen empfiehlt es sich übrigens, einen guten Bekannten der Testperson heranzuziehen, der Ihnen meistens bestätigen wird, was Ihr Gegenüber so heftig ableugnet.)

REGEL 6:

> Jeder Aspekt hat *zwei Seiten*, eine gute und eine schlechte.

Wenn jemand tolerant ist, ist er häufig auch gleichgültig; ein Dickkopf kann systematisch denken; ein erfolgreicher Mensch ist möglicherweise intolerant, ein erfolgloser unkompliziert, usw. Sagen Sie zuerst immer die gute Seite, dann erst die schlechte! Sagen Sie aber auf jeden Fall (wann immer dies möglich ist) beide Seiten, denn die meisten Menschen beurteilen Ihre Erklärungen (und seien sie noch so neutral) nach dem Schema ›gut — schlecht‹.

REGEL 7:

> Räumen Sie *sprachliche Mißverständnisse* aus dem Weg.

Wenn Sie die Kunst des Handlesens ausprobieren, werden Sie staunen, wie oft man Sie mißversteht oder nicht versteht, obwohl Sie sich (Ihrer Meinung nach) doch klar genug ausgedrückt haben. Die Ursache dafür liegt im unterschiedlichen Sprachschatz verschiedener Berufs- und Gesellschaftsgruppen. Die Unterschiede sind manchmal derartig groß, daß man meint, in einer fremden Sprache zu sprechen. Verlieren Sie nicht die Geduld und erklären Sie, was Sie mit dem eben erwähnten Begriff meinen. Illustrieren Sie Ihre Worte durch mögliche Auswirkungen (wobei Sie gleich nachhaken können, welche Version nun gerade in diesem konkreten Fall zutrifft).

Einige nützliche Hinweise

Die Handlesekunst stammt aus einer Zeit, in der andere soziale Probleme vorherrschten als in unserer gegenwärtigen Kultur. Notgedrungen waren die Aussagen (und Voraussagen) von einer Art, die uns heute zum Teil unverständlich, zum Teil lächerlich erscheint. In früheren Zeiten waren Erbschaften eminent wichtig: heute macht man sich mehr Gedanken um die dynamische Rentenanpassung. Früher war eine Hochzeit ein Ereignis von großer wirtschaftlicher und gesellschaftlicher Bedeutung; heute leben immer mehr Paare miteinander, ohne die Notwendigkeit einer formalen Eheschließung einzusehen. Früher waren Reisen ein Wagnis und Ereignis; heute gehören sie (wenn man von Flugzeugentführungen absieht) zum Alltag. Früher war die soziale und geographische Mobilität sehr klein; heute sind Orts- und Berufswechsel gang und gäbe. Früher machte man sich Gedanken über ein Leben nach dem Tode; heute spielt die Religion im Alltagsleben eine untergeordnete Rolle. Und vieles mehr.

Was also kann man den Handlinien entnehmen, und was nicht? Beginnen wir immer mit dem letzteren.
Man kann *nicht* voraussagen, wann jemand heiratet; *aber:* Man kann ersehen, wie eine Partnerschaft verläuft und zu wievielen festen Bindungen ein Mensch fähig ist.
Man kann *nicht* voraussagen, wann jemand befördert wird; *aber:* Man kann ersehen, ob und wann ein Wechsel der Hauptbeschäftigung eintritt (die Hauptbeschäftigung eines

Menschen ist in unserer Kultur normalerweise der Beruf, es kann aber auch Mutterschaft, ein Hobby oder eine allgemeine Umstellung der Interessen betreffen).

Man kann *nicht* voraussagen, ob und wann jemand eine Reise tut; *aber:* Man kann die allgemeine Tendenz zu unruhiger Lebensführung oder seßhafter Lebensweise der Hand entnehmen.

Man kann *nicht* sehen, ob jemand intelligent ist oder nicht; *aber:* Man kann der Hand gewisse Formen der Intelligenz entnehmen, z. B. ob jemand materiell oder philosophisch denkt.

Man kann nicht sehen, *wann* oder woran jemand stirbt; *aber:* Man kann kritische Punkte im Leben eines Menschen erkennen und auch ungefähre zeitliche Angaben machen.

Viele Voraussagen werden recht allgemein sein und von Skeptikern als ›Gewäsch‹ abgetan werden. Eine Konkretisierung ist aber nur möglich, wenn man den Menschen näher kennt und ungefähr weiß, welche Stellung er im Beruf einnimmt, welchen Erfahrungsschatz er besitzt und welche gesellschaftlichen Umstände für ihn bedeutungsvoll sind. Jede Information über die Person, der man die Hand liest, hilft einem, die allgemeinen Aussagen zu präzisieren oder zumindest zu bestätigen. Aus der eigenen Erfahrung kann man dann Details hinzufügen, die erstaunlich oft stimmen. Sollte das einmal nicht der Fall sein, nicht den Kopf verlieren: Fragen Sie Ihr Gegenüber einfach, wie sich die Sache bei Ihm auswirkt, und fügen Sie diese Aussagen Ihrem Erfahrungsschatz bei. Andrerseits hat die Allgemeinheit und Verschwommenheit der Aussagen auch ihr Gutes. Denn Sie werden bestimmt gefragt werden: Heißt dies nun, daß der Charakter eines Menschen auf Grund seiner Handlinien ein für alle Mal vorherbestimmt ist, mithin ein freier Wille und eine Verantwortung vor sich selbst nicht (oder nur stark eingeschränkt)

gilt? Darauf können Sie — zur Beruhigung Ihres Gegenüber — zweierlei antworten:
Erstens geben die Handlinien nur eine Charakter- oder Entwicklungs*tendenz* an, die noch genügend Spielraum für den eigenen freien Willen zuläßt. Zweitens sind die Handlinien nicht starr. Innerhalb eines Jahres können sich die Linien einer Hand sichtbar, innerhalb von drei Jahren völlig *ändern* — vorausgesetzt, der Mensch ändert sich auch. Auf diese Art kann man bei genauer Beobachtung der eigenen Hände die Handlinien als Indikatoren für die eigene Entwicklung nehmen. Man kann solcherart sichtbare Veränderungstendenzen entweder verstärken oder abschwächen; wie, das hängt vom Einzelfall ab.
Schließlich, wenn Sie die Hand Ihres Gegenübers zu Deutungszwecken verlangen, kommt Ihnen die erste Frage entgegen: welche? Sie brauchen beide Hände, denn die *linke Hand* zeigt Ihnen die *Möglichkeiten* eines Menschen, seine Anlagen, sein Ergbut (nicht nur im biologischen, auch im soziologischen Sinn), seine — genutzten oder brachliegenden — angeborenen Fähigkeiten, aber auch Entwicklungen oder Möglichkeiten in ferner Zukunft; die *rechte Hand* zeigt Ihnen die *Wirklichkeit* eines Menschen, das, was er im Laufe seines Lebens auf Grund der Umwelteinflüsse (vor allem der Erziehung) aus sich selbst gemacht hat. Je größer der Unterschied zwischen linker und rechter Hand, desto größer die inneren Spannungen, desto mehr Möglichkeiten auch, im Leben Überdurchschnittliches zu erreichen, sofern die sonstigen Anlagen darauf hinweisen. Ein Mensch mit gleichen Händen ist in perfekter Harmonie mit sich selbst, verliert aber dadurch den Ansporn, etwas aus sich selbst oder der Umwelt zu machen. — Bei Linkshändern kommt es darauf an, welche Hand sie bevorzugt benützen. Diese ist dann als ›rechte‹ anzusehen.
In Diskussionen über Handlesen kommt manchmal das

Argument, Handlinien seien zufällig entstandene Furchen ohne irgendwelche Bedeutung (so steht es auch in der renommierten »Encyclopaedia Britannica«). Dann muß man allerdings fragen, woher die Furchen kommen. Durch die Handbewegungen können sie nicht entstehen, denn dagegen spricht zweierlei: Erstens müßten Arbeiter auf diese Weise mehr Handlinien haben als Menschen, die mehr geistig tätig sind. Die Erfahrung zeigt aber, daß es oft umgekehrt ist. Und zweitens können Sie das Experiment mit einem Lederhandschuh machen. Untersuchen Sie mal die Linien, die bei Faltungen des Handschuhs entstehen: Es bilden sich *Quer*furchen (vom Daumen zur Handkante), wie man sie in dieser Form bei menschlichen Händen nicht findet!

Als erstaunlichsten Beweis für die charakterliche Bedingtheit der Handlinien schließlich sei auf die Erkenntnisse der Embryologen verwiesen. Man hat nämlich festgestellt, daß jeder Embryo, sobald er Ohren, Hände und Füße besitzt, diese auch individuell nach den familiären Anlagen gestaltet. Diese Gestaltung zeigt sich bei Händen und Füßen in der Form der Linien an den Handinnenflächen und an den Fußsohlen. Bereits nach dem zweiten Monat sind Hand- und Fußlinien endgültig ausgeprägt — von einer *Zufalls*formung kann hier keine Rede sein.

Kurzlehrgang der Handlesekunst

Wie wir schon in der Einleitung schrieben, ist dieses Buch für die Praxis bestimmt; es soll dem Leser helfen, rasch in die Materie einzudringen. Darum veranstalten wir zunächst einen *Kurzlehrgang*, in dem nur einige gut erkennbare Merkmale aufgezeigt werden. Dies mag dem einen oder anderen Leser oberflächlich erscheinen, aber eine solche Behandlungsweise ist aus mehreren Gründen von uns bewußt gewählt worden. Der Vorteil liegt, unter anderem, darin, daß man die hier angeführten Merkmale meist auch ohne direkte Aufforderung zum Handvorstrecken erkennen kann, also beim Gespräch, bei der Begrüßung, vielleicht sogar auf einem Foto. Außerdem läßt der Umfang dieser Taschenbuchausgabe eine gründlichere Auseinandersetzung mit der Materie nicht zu, ohne daß der Leser dadurch verunsichert oder verwirrt würde. Die philosophisch-psychologisch wichtigen Feinheiten, deren Bedeutung und deren Fehler wir hier betonen möchten, sollen in einem zweiten Band ausführlich behandelt werden. Den interessierten Leser verweisen wir zur Ergänzung seines Wissens auf die Literaturliste am Ende dieses Buches. In dem Werk von *Buttkus* beispielsweise wird ausgesprochen gewissenhaft auf die oben erwähnten Feinheiten eingegangen.

Der Leser sollte jedenfalls niemals vergessen, daß er nach der Lektüre unseres kleinen Lehrgangs nur über ein grobes Grundwissen auf dem Gebiet der Handlesekunst verfügt und auf keinen Fall voreilig und unvorsichtig damit umgehen sollte. Die Gefahr, Menschen mit allzu absolut und unzweifelhaft formulierten Aussagen zu schockieren und zu

Abb. 1

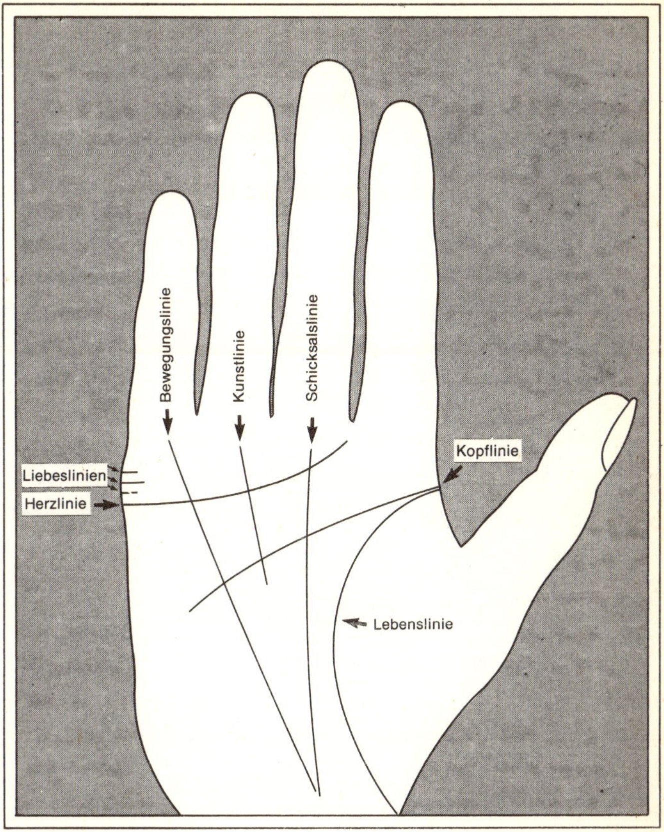

verängstigen, ist groß genug, besonders bei Jugendlichen, deren Reflexionsvermögen noch nicht den nötigen Reifezustand erreicht hat. Lernen Sie also mit Hilfe unseres kleinen Büchleins, zusammen mit anderen Menschen über sich selbst und Ihren Charakter nachzudenken, Sachverhalte richtig und rücksichtsvoll zu formulieren und mit der Umwelt in einen sinnvollen Kontakt zu treten. Nur dann haben Sie die Intentionen unseres Werkes erfaßt!

Bevor wir den Lehrgang beginnen, benötigen wir doch einige Grundlagen, nämlich Name und Lage der wichtigsten Linien. In Abb. 1 und 2 sind die Linien und die Regionen der Hand (die sogenannten *Berge*) abgebildet.

Wir unterscheiden drei *Hauptlinien:* Lebenslinie, Kopflinie, Herzlinie; und eine Reihe von *Nebenlinien*, von denen die wichtigsten im Bild eingezeichnet sind: Schicksalslinie, Bewegungslinie, Kunstlinie und die Liebeslinien, die an der Handkante zu sehen sind.

Die Hauptlinien sollte jeder Mensch in seinen Händen aufweisen. Sind sie arg verstümmelt oder fehlen sie teilweise, dann liegen meist schwere Mängel vor, die sich häufig auch körperlich auswirken (besonders bei der Lebenslinie).

Die *Lebenslinie* beginnt an der Handinnenkante (auf der Daumenseite) zwischen Daumenansatz und Zeigefinger und umschließt im Normalfall den Daumenballen; sie ist also eine *geschlossene* Linie, die irgendwo in die Handwurzel mündet. Nach alter Tradition gibt sie Auskunft über Vitalität, Sexualität und das allgemeine Empfindungsvermögen.

Die *Kopflinie* hat den gleichen Ursprung wie die Lebenslinie (zwischen Daumenansatz und Zeigefinger). Sie verläuft im Idealfall in sanftem Schwung leicht nach unten, ohne die Handaußenkante zu berühren. Traditionsgemäß beschreibt sie Art und Einsatz der Verstandeskräfte.

Die *Herzlinie* beginnt an der Handaußenkante, also unter dem kleinen Finger, und läuft in Richtung Zeigefinger. Sie gibt Auskunft über die Art des Gefühls- und Gemütslebens,

Abb. 2

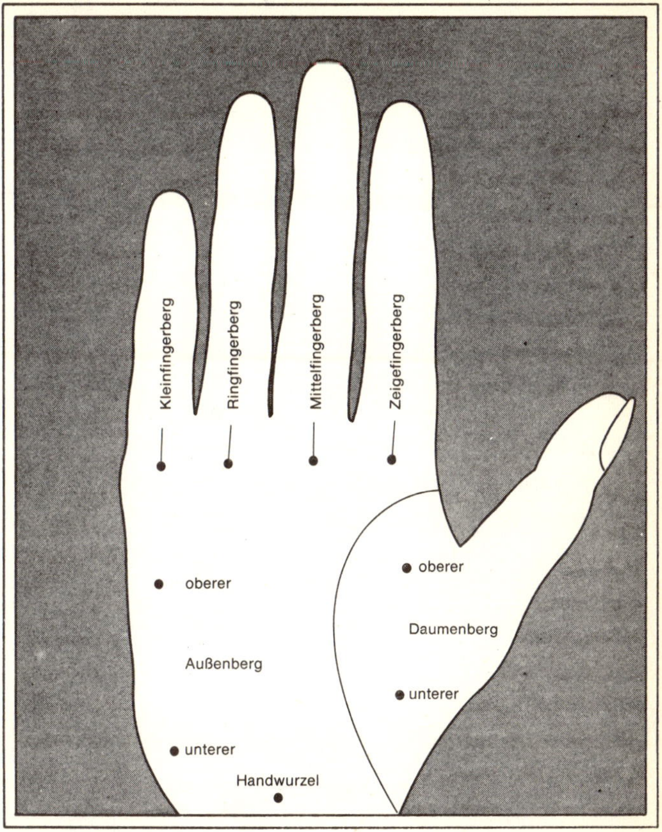

der seelischen Bindungen und der Fülle (oder Enge) des seelisch-geistigen Erlebens.

Die *Schicksalslinie* verläuft (wie die meisten Nebenlinien) senkrecht, von der Handwurzel zu den Fingern. Sie drückt die Fähigkeit aus, sein Schicksal (das ist in unserem Kulturkreis meist der berufliche Werdegang) zu gestalten.

Die *Bewegungslinie* ähnelt der Schicksalslinie, läuft aber schräger in Richtung kleiner Finger. Sie informiert über die Beweglichkeit und Flexibilität im körperlichen, seelischen und geistigen Bereich.

Die *Kunstlinie* ähnelt ebenfalls der Schicksalslinie, endet aber immer unter dem Ringfinger. Sie gibt Kenntnis über das Verhältnis ihres Trägers zur Schönheit, Kunst, Geschmack, Harmonie, Idealismus und Glück.

Die *Liebeslinien* (heutzutage müßte man sie ›Partnerschaftslinien‹ nennen) sind meist sehr kurze Linienstücke zwischen dem Beginn der Herzlinie und dem Beginn des kleinen Fingers. Man sieht sie nur von der Handkante aus, so daß man bei seinen eigenen Linien manchmal Schwierigkeiten hat. Sie zeigen die Möglichkeiten und den wahrscheinlichen Verlauf fester partnerschaftlicher Bindungen auf.

Die *Regionen* oder *Berge* haben ebenfalls ihre Bedeutung. Der *Daumenberg* ist die von der Lebenslinie umschlossene Region, wobei wir noch zwischen einem oberen (kleinen) und einem unteren (großen) Daumenberg unterscheiden. Wenn wir keine Bezeichnung hinzufügen, meinen wir den unteren Teil des Berges. Der *Zeigefingerberg* liegt unter dem Zeigefinger, der *Mittelfingerberg* unter dem Mittelfinger, der *Ringfingerberg* unter dem Ringfinger und der *Kleinfingerberg* unter dem kleinen Finger. Das Gegenstück zum Daumenberg bezeichnen wir als *Außenberg*, da er an der Handaußenkante liegt. Auch hier unterscheiden wir einen oberen und einen unteren Außenberg.
(Für diejenigen, die schon einmal in einem Buch über Handlesen geschmökert haben, seien die klassischen Namen für die Berge aufgezählt: unterer Daumenberg = Venusberg, oberer Daumenberg = kleiner Marsberg, Zeigefingerberg = Jupiterberg, Mittelfingerberg = Saturnberg, Ring-

fingerberg = Apolloberg, Kleinfingerberg = Merkurberg, oberer Außenberg = Mondberg, unterer Außenberg = Neptunberg.)

Die Bedeutung der Regionen oder Berge ist, kurz gefaßt, folgende:

Unterer Daumenberg: Triebe und vitale Bedürfnisse, Gesundheit, Lebenskraft, seelisches Empfindungsvermögen.

Oberer Daumenberg: Freundschaft, Kameradschaft, Hilfsbereitschaft.

Zeigefingerberg: Ehrgeiz, Selbstbewußtsein, Autorität, Streben nach Macht und öffentlicher Anerkennung.

Mittelfingerberg: Konzentration, Abschließung, Einsamkeit. Das unerbittlich erlebte ›Schicksal‹. Streben nach materiellem Besitz.

Ringfingerberg: Kunstinteresse, Geschmack, Glück im Leben, Romantik, Idealismus.

Kleinfingerberg: Redegewandtheit, wissenschaftliche Interessen, merkantile Begabung (guter Geschäftemacher).

Oberer Außenberg: Fantasie, Intuition, schöpferische Kräfte, Unterbewußtsein. Die Welt der Träume und Illusionen.

Unterer Außenberg: Bereich des Übersinnlichen (Telepathie, Hellsehen, Präkognition). Das kollektive Unbewußte der Menschheit, die Archetypen.

Handwurzelbereich: Tradition, Erbgut (auch im soziologischen Sinn), Familie.

PROBLEM NR. 1

Sind Sie ein Freund rascher Entschlüsse?

Es gibt ein einfaches Merkmal in der menschlichen Innenhand, das uns darüber Auskunft gibt, ob ein Mensch unbekümmert impulsiv handelt oder vorsichtig-abwägend an die Dinge herangeht. Und zwar erkennt man dies aus dem Abstand zwischen Kopf- und Lebenslinie am Ursprung dieser Linien.

Die Hand der Abb. 3 verrät einen Menschen, der als eher überlegt, besonnen und nüchtern bezeichnet werden kann. Er denkt meist, bevor er handelt (manchmal vielleicht zuviel), und betrachtet die Welt unter sehr nüchternen Gesichtspunkten. Von Modeströmungen ist er meist unbeeinflußt, da er infolge einer gut ausgeprägten Sensibilität die Dinge durchschaut und sich nichts vormachen läßt. Sein Verstand (repräsentiert durch die Kopflinie) ist mit der materiellen Wirklichkeit (repräsentiert durch die Lebenslinie) fest verbunden. Das Denken wurzelt in der Realität. (Die Verbindung sollte aber nicht zu lang sein; Richtwert: etwa 1 cm.)

Das genaue Gegenteil trifft auf den Träger der zweiten Hand zu (Abb. 4). Er ist entschlußfreudig, beweglich, freimütig und offen. Unbekümmert und mit schwungvollem Optimismus stürzt er sich ins Leben, fällt häufig auf die Nase, eckt an, macht die Sache aber durch einen unverwüstlichen Charme wieder gut. Dieser Charme bleibt ihm übrigens bis an sein Lebensende erhalten, weshalb solche Menschen immer jung bleiben. Haupttriebfeder des Handelns ist, sonderbarerweise, der Verstand, aber dieser Verstand ist von der Realität losgelöst. Das bedeutet: Die Handlungen mögen zwar richtig sein (letzten Endes), aber die Überlegungen, die dazu geführt haben oder die Rechtfertigungen, die im nachhinein vorgebracht werden, klingen manchmal haarsträubend. Solche Menschen machen auch gern mit, was gerade in Mode ist, besonders auf emotionalem Gebiet (z. B. neue Religionen oder Philosophien). Sie können nicht so gut

Abb. 3

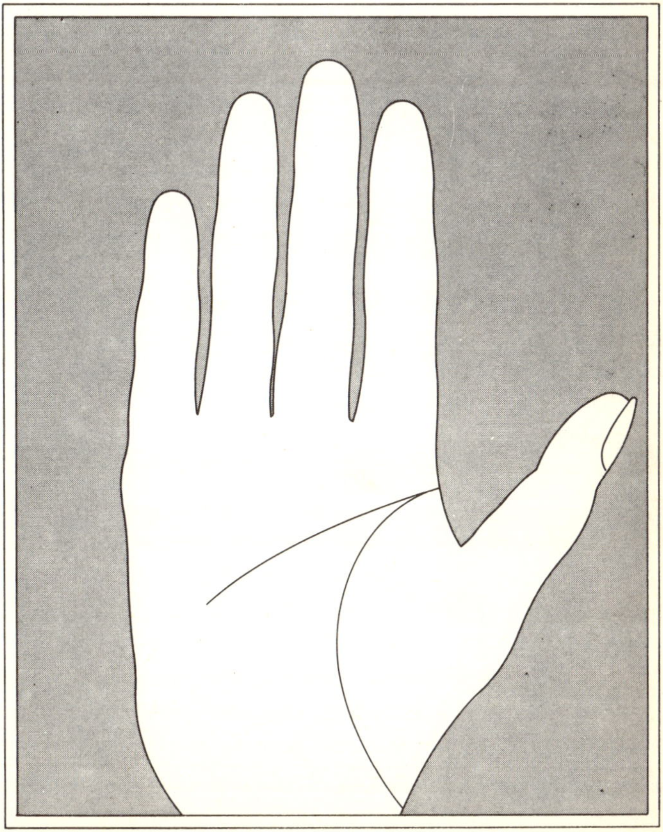

Abb. 4

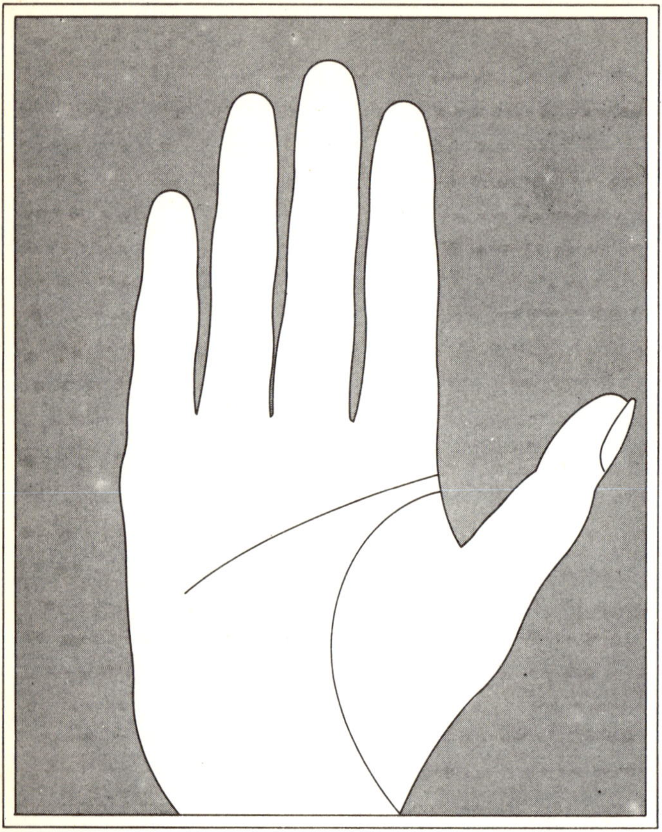

zwischen Schein und Echtheit unterscheiden, weil das realitätsbezogene Denken verkümmert ist. Zudem sind sie unfähig, aus Fehlern zu lernen und daher unverbesserliche Optimisten. Ihr Charme und Schwung indes macht sie zu gern gesehenen Mitmenschen (wenn auch nicht unbedingt auf Dauer).

ACHTUNG:
Menschen mit diesem Merkmal (Abstand zwischen Kopf- und Lebenslinie) sind dem Handlesen gegenüber oft skeptisch eingestellt und erweisen sich dann als schwierige ›Patienten‹. Sie leugnen häufig alles ab, da ihnen die Gabe der Selbstreflexion fehlt. Beachten Sie dann unsere Goldenen Regeln, besonders Regel 2 und Regel 7!

Das Merkmal: *Abstand zwischen Kopf- und Lebenslinie* können Sie auf einen Blick feststellen. Sie sollten aber noch zweierlei beachten:

Erstens, trifft das Merkmal für beide Hände zu — dann tritt es besonders ausgeprägt in Erscheinung — oder sieht man es nur an einer Hand — dann müssen Sie kombinieren und das beachten, was wir über die linke und die rechte Hand gesagt haben.

Zweitens, ist das Merkmal ausgeprägt, treten die guten Eigenschaften in den Hintergrund und es entsteht ein etwas schwieriger Charakter (siehe Abbildungen 5 und 6). Ist die Verbindung zwischen Kopf- und Lebenslinie 2 cm oder länger (das sind nur grobe Richtwerte; gehen Sie niemals mit dem Metermaß an die Handlinien heran!) dann ist der Mensch unsicher, skeptisch und schüchtern. Er leidet an Entschlußunfähigkeit (da er Pro und Kontra zu lange abwägt), verschließt sich vor der Umwelt und gerät in Gefahr, zu einem egoistischen Eigenbrötler zu werden. Meist sind solche Menschen Spätentwickler und können sich von ihrer Familie oder der Tradition des Elternhauses erst spät lösen.

Ist der Abstand zwischen Kopf- und Lebenslinie zu groß (mehr als $1/2$ cm), dann handelt der Mensch unüberlegt. Er mißachtet Gefahren, sagt freimütig, was er denkt, und leidet an krankhaftem Ehrgeiz, besonders, wenn es die Anerkennung der eigenen Person in der Öffentlichkeit betrifft. Er legt viel Wert auf gesellschaftliche Konventionen und hat schreckliche Angst, unangenehm aufzufallen. Sein Pflichtge-

Abb. 5

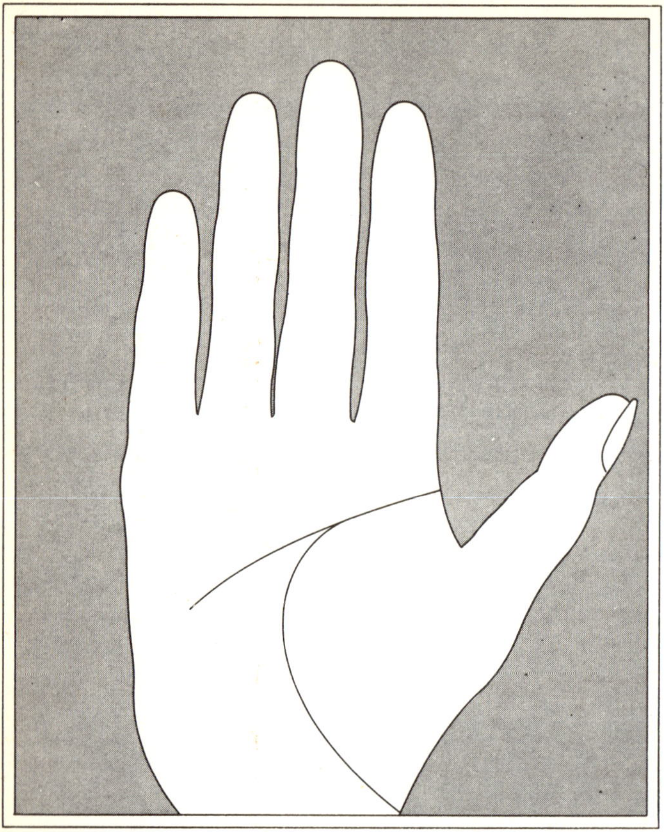

fühl ist ausgeprägt, in persönlichen Dingen ist er meist empfindlich und oft anfällig für Schmeicheleien. Sein Denken ist ebenso systematisch wie kritisch.

Wenn nun zwei Menschen mit dem gleichen Merkmal zusammentreffen, dann passen sie meist gut zueinander. Die abwägenden haben genügend Einfühlungsvermögen, um sich zu verstehen. Die impulsiven geraten sich zwar öfter mal in

Abb. 6

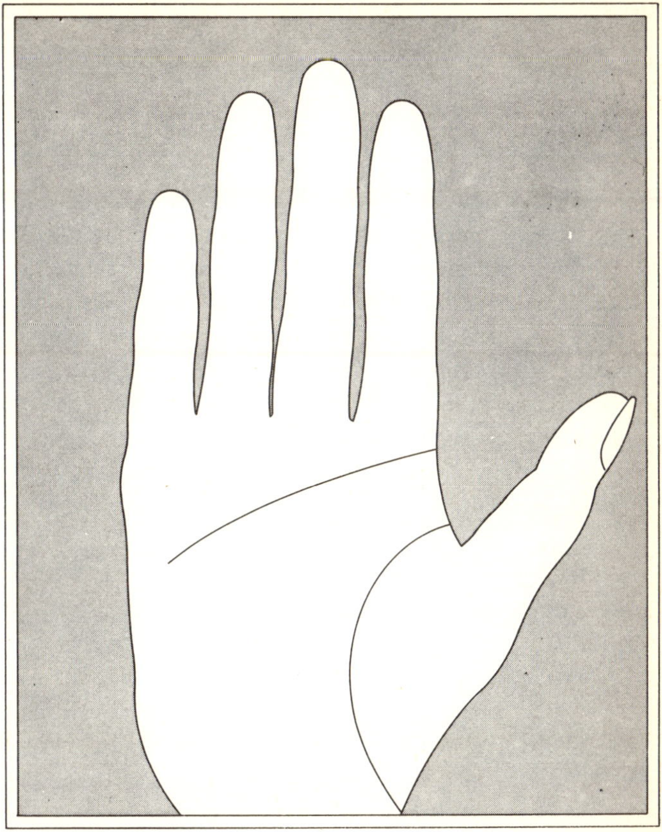

die Wolle, vertragen sich aber nachher wieder und schätzen durchaus die Art des Partners. Wenn aber ein Mensch der Gruppe ›nüchtern‹ mit einem der Gruppe ›optimistisch‹ (Sie wissen schon, was wir meinen) zusammentrifft, dann geht eine solche Verbindung selten gut. Zu verschieden sind die Weltanschauungen, die Problemlösungsstrategien, die Beziehung zur Um- und Mitwelt.

PROBLEM NR. 2:

Sind Sie tolerant?

Auch dieses Merkmal ist auf einen Blick feststellbar (Sie brauchen niemandem zu verraten, daß Sie Handlinien deuten können). — Hatten wir vorhin den Abstand (bzw. die Verbindung) zwischen Kopf- und Lebenslinie, so betrachten wir nun den Abstand zwischen Kopf- und Herzlinie.

In Abb. 7 sehen Sie das eine Extrem, einen sehr kleinen Abstand. Die beiden Linien berühren einander fast an einer Stelle. Menschen mit diesem Merkmal sind in Fragen der Toleranz etwas schwierig. Wenn wir's mal anschaulich sagen: Die Herz- und die Verstandeskräfte haben zu wenig Raum zur Entfaltung, ja, sie behindern einander. Solche Menschen neigen dazu, engstirnig, kleinlich und pedantisch zu sein. Sie be- und verurteilen andere zu schnell, sind dabei aber ängstlich und verkrampft. Toleranz ist nicht ihre Stärke, dafür verstehen sie es ausgezeichnet, sich materiell abzusichern, indem sie keine Risiken eingehen. Das andere Extrem ist ein weiter Abstand zwischen Kopf- und Herzlinie (Abb. 8). Solche Menschen sind großzügig, entgegenkommend und tolerant. Sie sind heiter, jovial und vertreten das Prinzip des ›Leben und leben lassen‹. Meist haben sie große Pläne, die über den Alltag hinausgehen (manchmal allzuweit), und durch das Leben wandeln sie als Lebenskünstler, die trotz widriger äußerer Umstände doch immer wieder Glück haben. Ihr Gewissen ist großzügig und elastisch und recht dehnbar. Auch neigen sie zu Nachlässigkeit und Schlamperei und sind in ihrer Lebensweise bisweilen recht maßlos. Dafür sind sie als Erzieher hervorragend geeignet. Auf materielle Sicherheit legen sie keinen Wert; sie leben dem Augenblick und fühlen sich wohl. Seltsamerweise anerkennen diese Menschen häufig nicht, daß sie tolerant sind, wenn man ihnen dies sagt. Für sie ist ›Toleranz‹ eine derartig selbstverständliche Eigenschaft, daß sie gar nicht auf die Idee kommen, ein Mensch könnte diese Tugend nicht besitzen.

•

Abb. 7

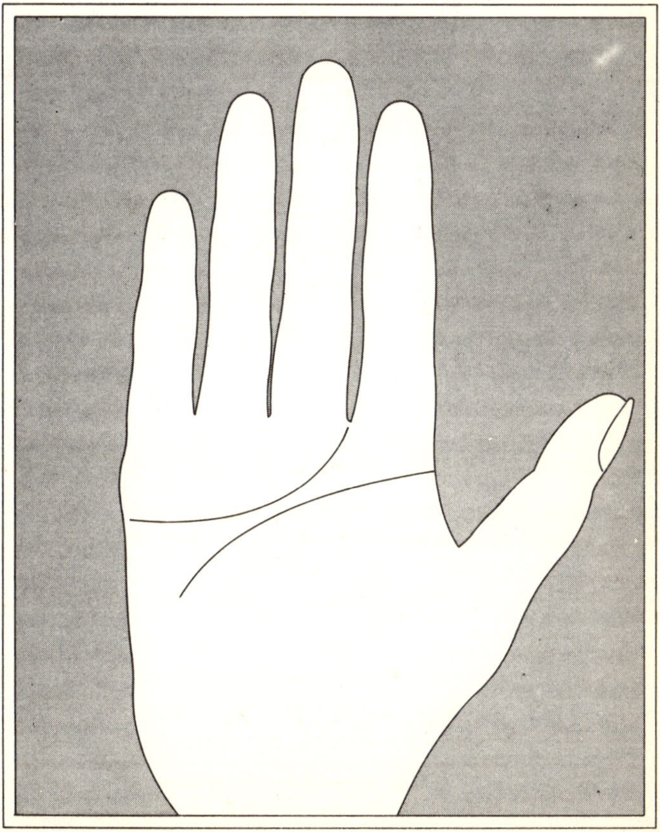

Abb. 8

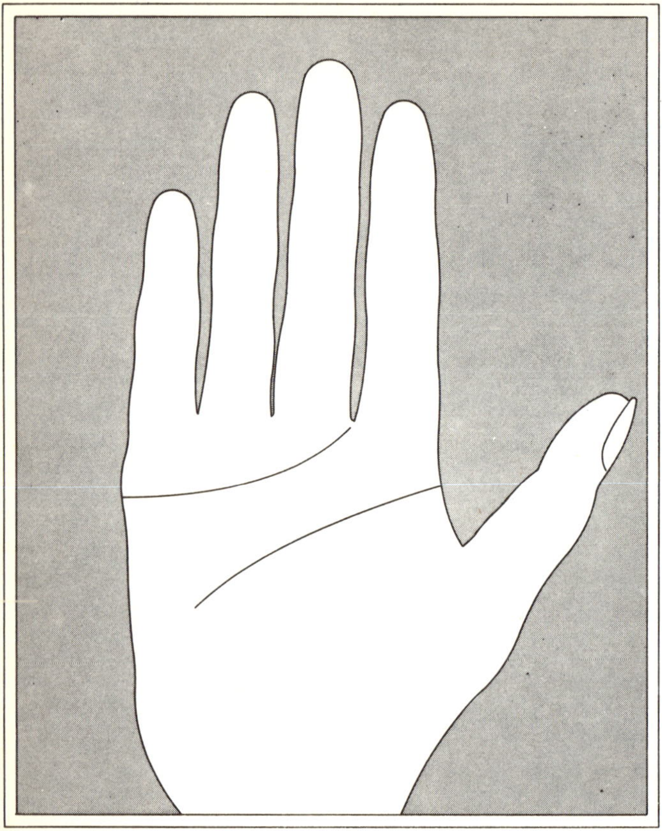

Sie haben nun vier Merkmale kennengelernt, die Sie an einem Menschen meist auf einem Blick feststellen können. Wenn Sie nun die zwei festgestellten Merkmale kombinieren, kann es sein, daß sie zum Teil das gleiche aussagen, sich also in ihrer Wirksamkeit gegenseitig verstärken. Häufig

tritt aber der andere Fall ein, daß nämlich die Aussagen des einen Merkmals denen des anderen widersprechen.
Stellen Sie sich einen Menschen vor, dessen Hand a) eine lange Verbindung zwischen Kopf- und Lebenslinie hat, und b) einen großen Abstand zwischen Kopf- und Herzlinie zeigt. Für a) lesen wir: ängstlich, für b) unbekümmert. Diese beiden Eigenschaften widersprechen einander! Auf diesen Widerspruch wird Sie sicherlich Ihr Gegenüber aufmerksam machen, falls er/sie Ihnen zuhört und dabei mitdenkt.
Ein solcher — es sei betont: *scheinbarer* — Widerspruch ist aber charakteristisch für alle psychologischen Diagnoseverfahren. Er klärt sich dadurch auf, daß diese Eigenschaften *zu verschiedenen Zeiten* wirksam werden. So kann es im eben geschilderten Fall vorkommen, daß dieser Mensch nach außen hin den schwungvollen, unbekümmerten, toleranten Eindruck macht, in irgendwelchen Kleinigkeiten aber plötzlich, unverständlich und unerwartet furchtbar ängstlich und unentschlossen ist. In einer Gesellschaft tritt er auf mit Charme und Nonchalance, aber dann traut er sich nicht, in einer fremden Stadt nach dem Weg zu fragen.
Beachten Sie, daß dieses Problem immer wieder auftritt und Sie es stets individuell lösen müssen.

PROBLEM NR. 3:

Sind Sie eigensinnig?

Wir betrachten jetzt die *Form der Kopflinie.* Sehen Sie sich die Abbildungen 9 und 10 an. Im linken Bild ist sozusagen der Idealverlauf der Kopflinie eingezeichnet: sanft und gleichmäßig gebogen und leicht nach unten geschwungen (aber nicht zu weit nach unten!). Dieser Idealverlauf deutet auf einen ausgewogenen, praktischen Verstand (›Common Sense‹, wie der Engländer sagt), ein gutes Auffassungs- und Beobachtungsvermögen und eine gewisse Flexibilität im Urteilen und Denken, wie sie durch den sanften Schwung auch rein graphisch angedeutet ist.

Anders der Träger einer geraden, linealartig gezogenen Kopflinie, wie sie in Abb. 10 leicht übertrieben dargestellt ist. Solche Menschen haben viele gute und wichtige Eigenschaften: Sie sind tatkräftig, ausdauernd und konsequent; sie sind systematisch, verläßlich und hervorragende Organisatoren. Aber je gerader die Linie, desto starrköpfiger und konservativer ist der Mensch. Er neigt zu Nüchternheit, Kühlheit und Strenge, und er läuft Gefahr, hart und rücksichtslos zu werden. Menschen dieser Art sind sogenannte ›starke Charaktere‹, da sie ihre — meist stark ausgeprägten — Grundsätze niemals anpassen oder ändern. Als Prinzipienreiter sind sie von der Richtigkeit ihres Denkens überzeugt. Selbstzweifel kennen sie nicht, aber Zweifel an der Richtigkeit anderer Überzeugungen sehr wohl.

Besonders gefährlich wird die Sache, wenn die Kopflinie am Ende unnatürlicherweise *nach oben* geschwungen ist (Abb. 11).

Menschen mit dieser Kopflinie sind für den rücksichtslosen Lebenskampf geschaffen, setzen sich mit Gewalt durch und bereiten sich und anderen damit große Schwierigkeiten. Ihre Rücksichtslosigkeit fällt aber nicht gleich auf, da sie sich, meist opportunistisch auf den eigenen Vorteil bedacht, zunächst gut anpassen.

Abb. 9

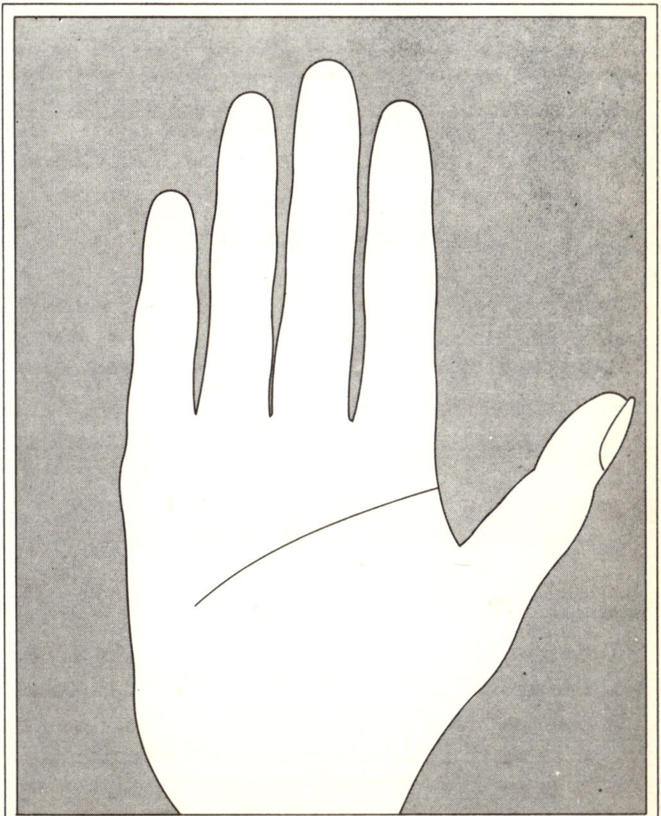

Abb. 10

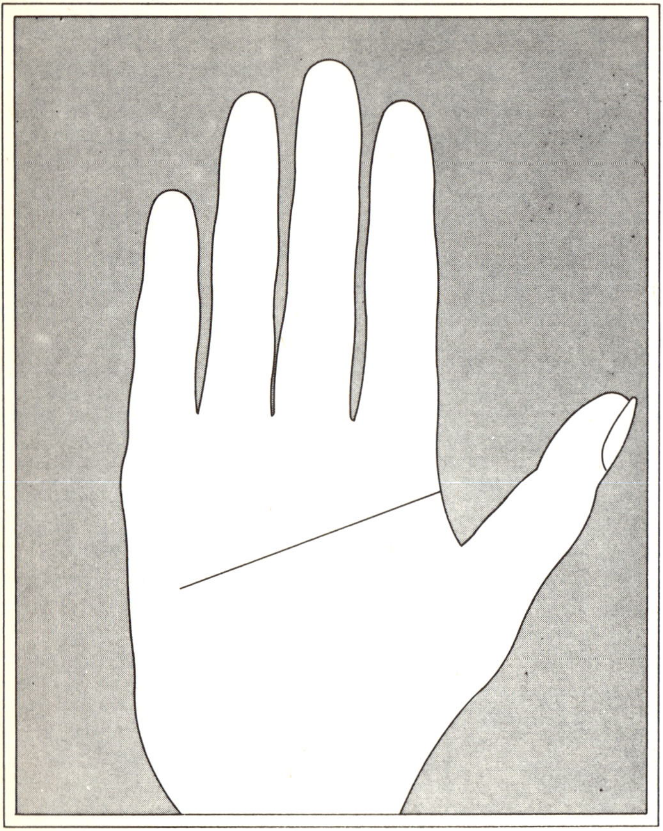

ACHTUNG:

Menschen mit gerader Kopflinie geben selten zu, daß sie dickköpfig sind. Besonders auffällig wird dies, wenn ihr (nicht-dickköpfiger) Partner dabei ist. Häufig wird dann

Abb. 11

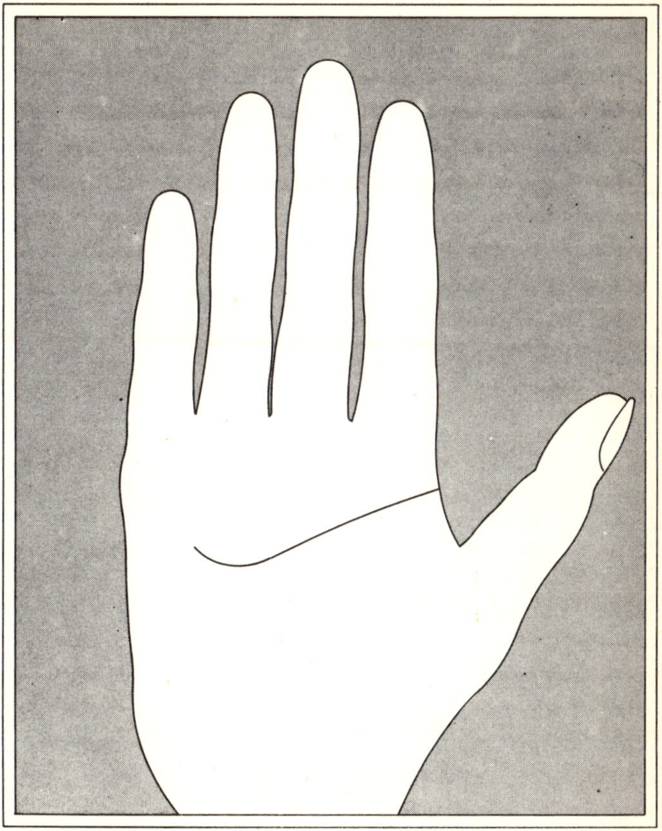

dieser Partner der Dickköpfigkeit bezichtigt. Das ist Ihre Chance! Sie können sich den (meist einsichtsvollen) Partner zum Komplicen machen und eine Art Eheberatung durchführen.

PROBLEM NR. 4:

Sind Sie partnerbezogen?

Betrachten wir nun die *Form der Herzlinie*.

Auch hier sind die gleichen Unterschiede zu erkennen wie bei der Kopflinie: im linken Bild sanft geschwungen (diesmal nach oben), im rechten Bild gerade. Wenn Sie schon ein bißchen Gefühl für Handlinien haben, können Sie sich denken, daß die geschwungene Linie eine positivere Deutung zulassen müßte als die gerade. Und so ist es auch. Die Herzlinie der Abb. 12 deutet auf ein gesundes, natürliches Gefühlsleben. Ihr Träger ist echter, tiefer Regungen fähig, und er kann sich emotional an einen Partner binden. Aber aus dem ›Kann‹ wird um so mehr ein ›Muß‹, je höher die Linie in den Zwischenraum zwischen Zeige- und Mittelfinger wächst, und je mehr sie sich mit der Schicksalslinie verbindet. Solche Menschen neigen dazu, sich früh — meist zu früh — zu binden und in der Partnerschaft enttäuscht zu werden, weil sie zu hohe Anforderungen stellen. Auf jeden Fall ist ihnen die Partnerschaft eminent wichtig, nicht nur privat, auch in der Zusammenarbeit mit Kollegen im Beruf. Ein Mensch mit dieser Herzlinie leidet unter Liebesmangel und möchte diesen Zustand um jeden Preis ändern, was meist schief geht. Wenn er im Beruf mit seinen Kollegen kein persönliches Verhältnis eingehen kann, dann leidet seine Arbeitskraft und damit auch die Arbeit.

Ganz anders ist es bei Personen mit einer geraden Herzlinie. Diese sind meist unfähig zu einer tiefen, herzlichen, persönlichen Bindung an einen Menschen. Eine gewisse Kühlheit und Distanz zur Umwelt bleibt immer bestehen. Das verleiht diesen Menschen natürlich Autorität, so daß sie für ein öffentliches Amt — z. B. Politiker oder Lehrer — gut geeignet sind, aber auch in einem dienenden Beruf (als Sozialhelfer, als Krankenschwester) kommen sie mit den Problemen des Alltags besser zu Rande als Leute, die alles gleich persönlich nehmen und sich dabei innerlich aufreiben. Die Menschen mit dem ›geraden Gemüt‹ neigen aber auch zu Strenge, Härte

Abb. 12

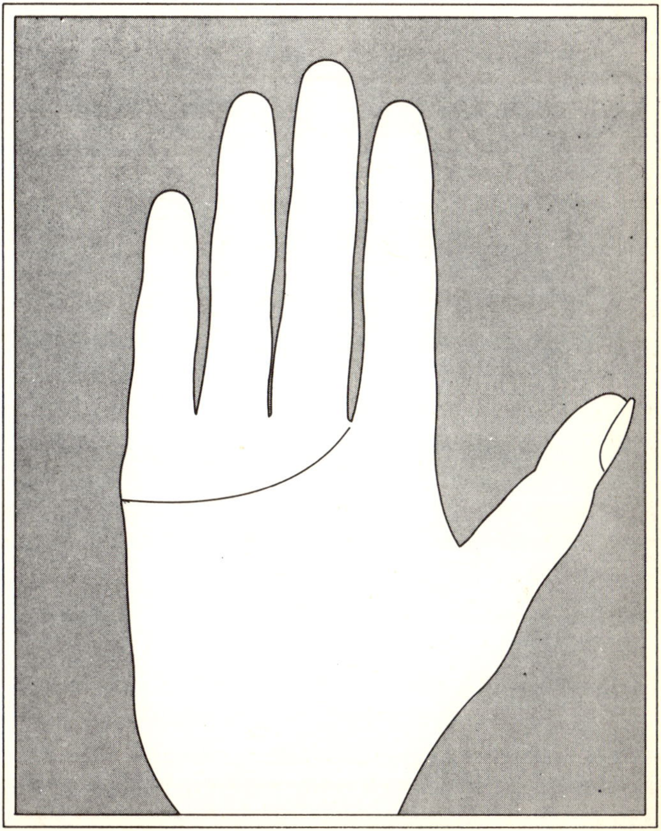

Abb. 13

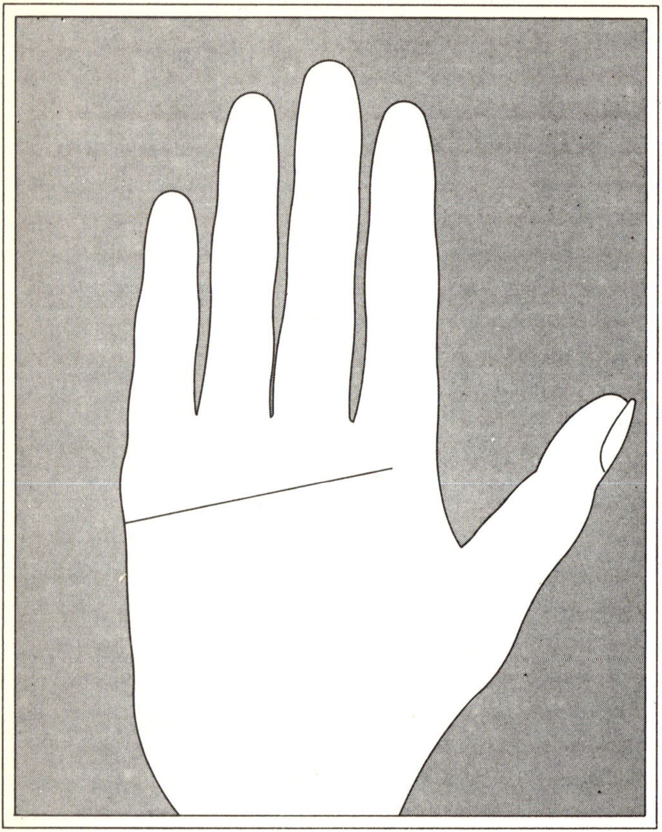

und Rücksichtslosigkeit. Sie sind meist ehrgeizig, in ihrem Ehrgefühl leicht verletzbar und stellen das Streben nach Anerkennung über ihre persönlichen Beziehungen.

Eine extreme Form der geraden Herzlinie liegt vor, wenn sich ihr Verlauf über die ganze Hand erstreckt:

Abb. 14

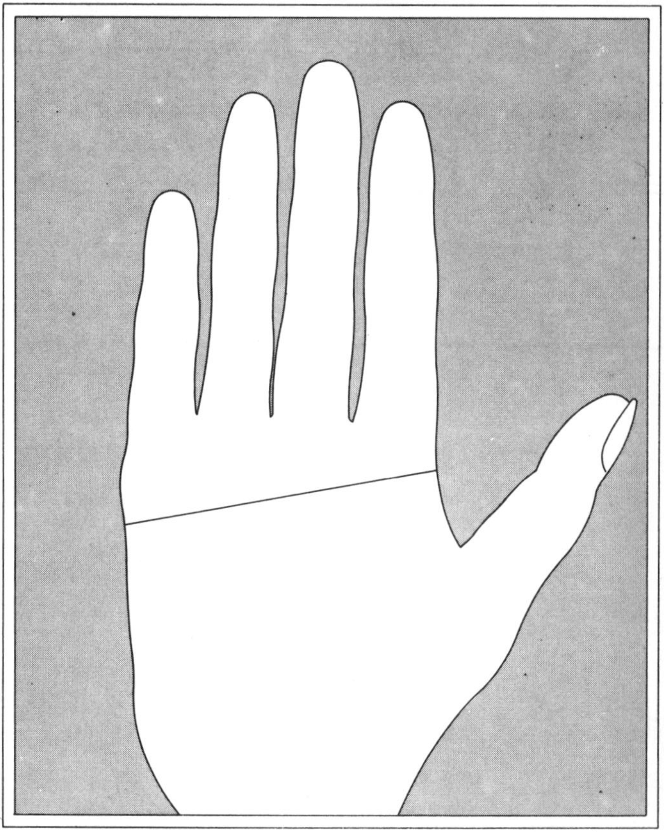

Ein solcher Mensch ist in gefühlsmäßigen Dingen besitzergreifend. Für seinen Partner kann er viele Opfer bringen und sich auch heldenhaft für ihn einsetzen, aber dafür betrachtet er ihn auch als eine Art Besitz, und die Folge davon ist Eifersucht.

Schließlich gibt es, wie bei der Kopflinie, die Version, daß die Herzlinie am Ende nach der ›falschen‹ Richtung geneigt ist, d. h. in diesem Falle nach unten:

Abb. 15

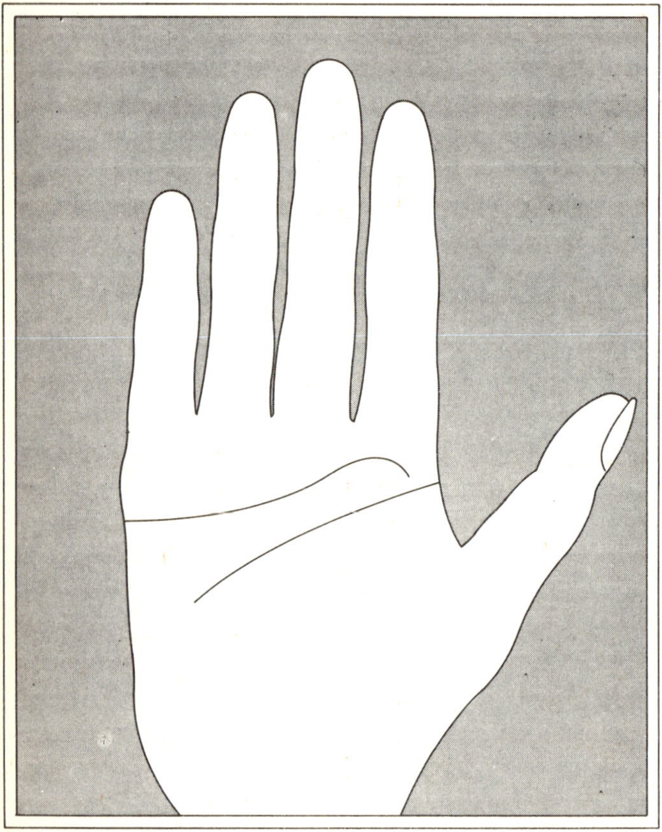

Bei diesen Menschen fließen sozusagen alle Gefühle wieder auf sie selbst zurück. Das führt zu Egoismus und

Narzißmus. Sie beschäftigen sich hauptsächlich mit sich selbst, sind anderen gegenüber kühl, gleichgültig und — scheinbar – arrogant. Trotz dieser Zentrierung auf die eigene Person opfern sie sich häufig für Menschen auf, die dieses Opfer nicht wert sind und ihnen diese Zuwendung nur mit Undankbarkeit lohnen.

PROBLEM NR. 5:

Sind Sie erfolgreich?

Wer möchte das nicht wissen, wo in unserer Gesellschaft doch beruflicher Erfolg mehr zum Ansehen beiträgt als eine glückliche Partnerschaft oder eine kulturell wertvolle Freizeitgestaltung. Nun sei's gleich vorweggenommen: *Ob* einer erfolgreich wird, kann man den Handlinien allein nicht entnehmen — man kann nur sehen, *wie* jemand seinen Lebensweg geht. Mit anderen Worten: Die Handlinien sagen etwas darüber, wie *zielgerichtet* ein Mensch ist.

Ausschlaggebend dafür ist die Schicksalslinie, die bekanntlich von unten nach oben verläuft. Diese Linie kann in verschiedenen Bereichen der Hand beginnen und in verschiedenen Bereichen enden; je nachdem ergeben sich die Interessen und Ziele eines Menschen. Das wollen wir in der Systematik weiter ausführen. Worauf es uns hier, in diesem Kurzlehrgang ankommt, sind bekanntlich Merkmale, die auf einen Blick zu erkennen sind und eine Grobcharakterisierung zulassen. Und hier können wir die in den Abb. 16 und 17 gezeigte Polarität unterscheiden.

Abb. 16

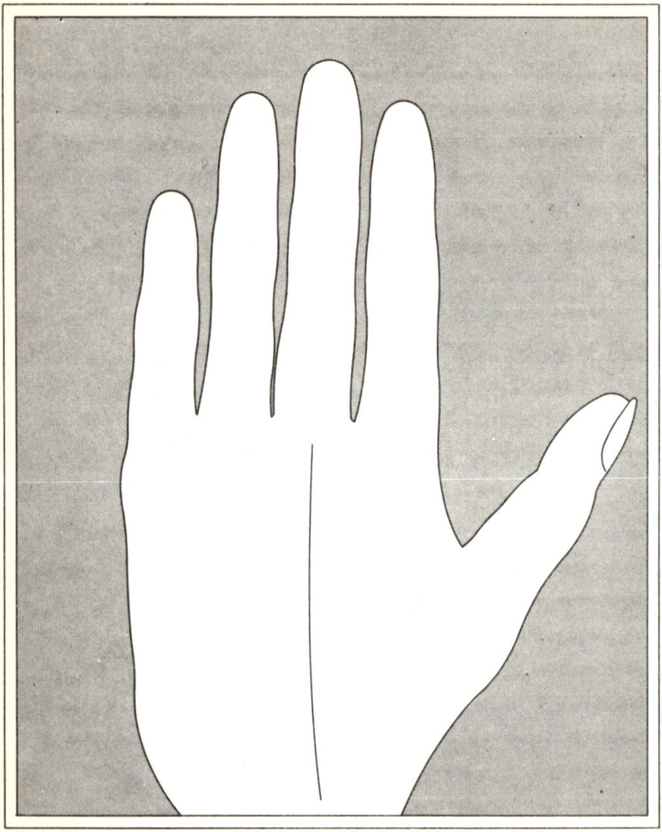

In Abb. 16 sehen wir eine gerade, durchlaufende, gut sichtbare und klare Linie. So wie die Linie verläuft auch das Leben ihres Trägers: Gerade, zielgerecht und mit einem frühen Verständnis für die Anforderungen des Lebens geht dieser Mensch seinen Lebensweg. Er ist strebsam, selbstän-

Abb. 17

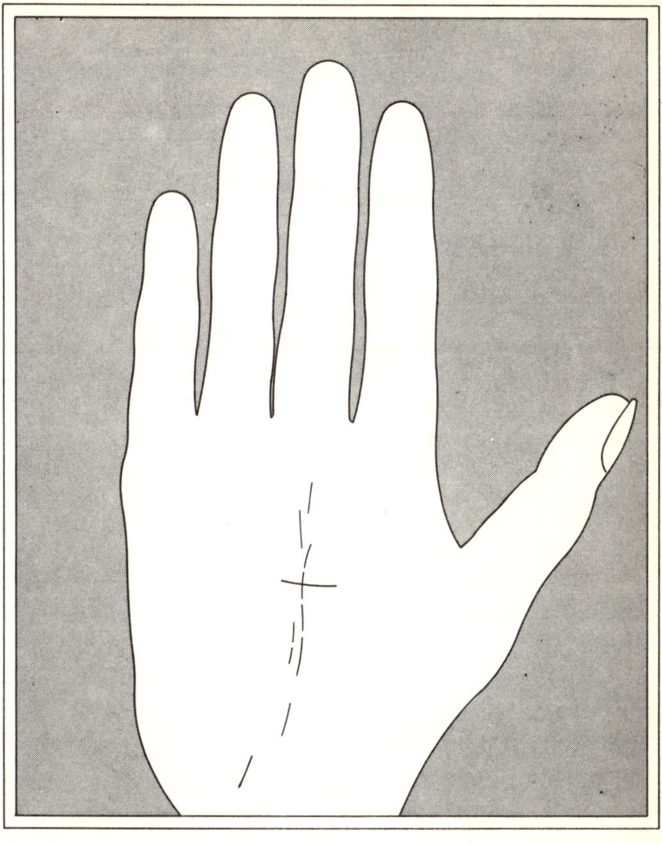

dig und fleißig, besitzt Ehrgeiz und einen ausgeprägten Willen.

In welche *Richtung* diese Eigenschaften aber wirken, hängt vom Ende der Schicksalslinie ab. Endet sie bei einem Mann z. B. in der Beuge zwischen Zeige- und Mittelfinger, dann

wird dieser sein zielgerichtetes Wesen möglicherweise darauf verwenden, Frauen zu erobern.
Menschen dieser Art sind starke Persönlichkeiten, neigen aber dazu, zur Erreichung des Erfolgs manchmal rücksichtslos vorzugehen. Besonders ausgeprägt sind Durchhaltevermögen und Organisationstalent. In ihrem Handeln sind sie aber eher einseitig; Vielseitigkeit gehört nicht zu ihren Stärken.
Das alles klingt schon sehr nach Erfolg, aber dieser Erfolg ist keineswegs garantiert, denn er hängt ganz wesentlich davon ab, ob der Mensch sich in einer Gesellschaft befindet, in der diese Eigenschaften auch zum Tragen kommen können. In unserem Kulturkreis ist dies normalerweise der Fall; der berufliche Aufstieg wird dann, im allgemeinen, konventionelle Formen annehmen.
Das Gegenteil sehen wir in Abb. 17. Die Schicksalslinie ist bruchstückhaft, zerrissen, unterbrochen oder gespalten. Und genauso wird der Lebensweg. Solchen Menschen fehlt die Ausdauer, die Konsequenz und auch die Rücksichtslosigkeit derjenigen mit gerader Schicksalslinie. Meist sind sie ohne Ehrgeiz und häufig fehlt ihnen das Selbstvertrauen, das immer auch Grundlage für Erfolg und Glück (im Sinne von: »Der hat wieder Glück gehabt!«) darstellt. Diese Personen wechseln häufig den Beruf. Fehlschläge treffen sie schwer, aber infolge ihrer Flexibilität gelingt es ihnen meist gut (und schnell), sich in der neuen Situation zurechtzufinden. Sie neigen dazu, ihre Energien und Aktivitäten zu zersplittern, anstatt sich auf ein Ziel zu konzentrieren und dieses konsequent anzustreben. Dafür sind sie viel angenehmere Zeitgenossen als die anderen. Sie sind privat viel mehr engagiert und haben meist interessante und ungewöhnliche Hobbys, denen sie mehr Zeit widmen als den beruflichen Verpflichtungen. Sie sind auch viel aufgeschlossener und für Neues empfänglicher als andere. Man kann sie

leichter verpflanzen, und wenn die übrigen Linien Gutes versprechen, sind sie in mehreren Berufen mäßig erfolgreich. Außerdem sind diese Menschen nie langweilig oder gelangweilt; die gewisse Schwere und der ›Zwang zum Erfolg‹ — Charakteristika der Personen mit gerader Schicksalslinie — fehlen ihnen.

Wie bei der Kopflinie können wir auch hier die beiden Extremformen einer kurzen Betrachtung würdigen:

Abb. 18

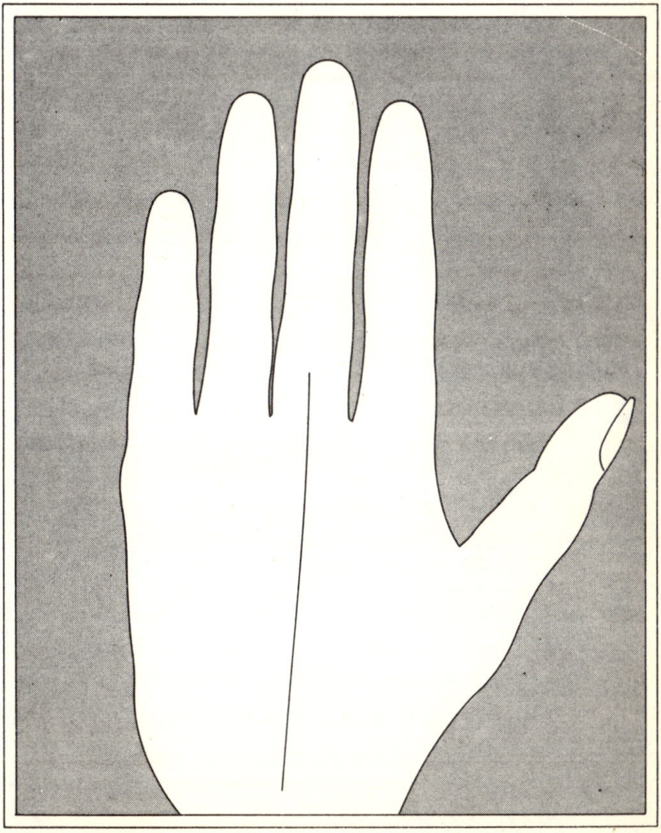

Abb. 19

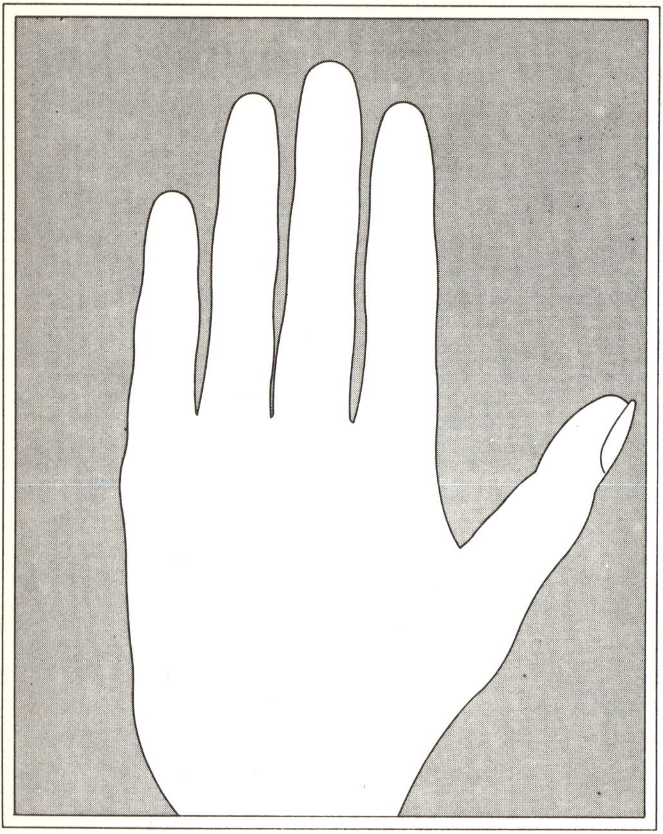

In Abb. 18 sehen wir eine Schicksalslinie, die bis in den Mittelfinger hinaufreicht. Menschen mit diesem Merkmal haben ein übersteigertes Pflichtgefühl, verfolgen ihre Ziele bis zur Erschöpfung und überschätzen dabei ihre eigenen Fähigkeiten, was die Gefahr von Rückschlägen und Zusammenbrüchen in sich birgt.

Menschen, denen wie in Abb. 19 die Schicksalslinie völlig fehlt, sind in ständiger Gefahr, von anderen beeinflußt und ausgenützt zu werden. Sie haben in bezug auf die Gestaltung ihres Lebensweges wenig eigenen Willen, blicken nicht in die Zukunft und leben für den Augenblick. Sie haben Schwierigkeiten, ein geregeltes Leben zu führen. Die Gefahr, auf die schiefe Bahn zu geraten, ist groß, aber kurioserweise findet man mit diesem Merkmal ab und zu äußerst erfolgreiche Künstler oder Sportler, die allerdings einen eher kometenhaften Aufstieg erleben und im Alter vergessen werden. Ihr Erfolg entsteht durch einen starken inneren oder äußeren Antrieb. Läßt dieser nach, bleibt wenig zurück.

PROBLEM NR. 6:

Verlieren Sie leicht die Beherrschung?

Ob ein Mensch dazu neigt, plötzlich und unkontrolliert zu explodieren (also jähzornig zu werden), sieht man ihm normalerweise nicht an. In der Hand ist dies aber eindeutig bezeichnet. Dazu benötigen wir die Lebenslinie, die von oben nach unten in geschlossenem Bogen verläuft (siehe Abb. 20.) Im unteren Daumenberg sind die Triebe des Menschen lokalisiert. Ist diese Region von der Lebenslinie fest umschlossen — wie in der linken Abbildung — dann bleiben die Triebe auch dort, wo sie hingehören; der Mensch kann sie beherrschen und in die von der Gesell-

Abb. 20

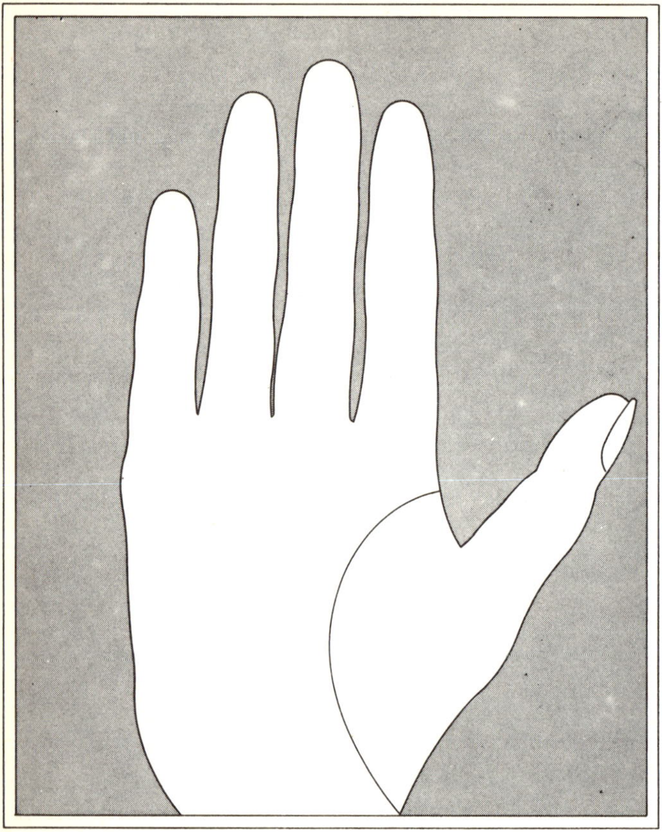

schaft akzeptierten Bahnen lenken. Ist die Region aber offen oder ist die Lebenslinie an dieser Stelle schwach ausgeprägt (Abb. 21), dann kommt es zu unkontrollierten Temperamentsausbrüchen. Solche Menschen sind bisweilen aufbrau-

Abb. 21

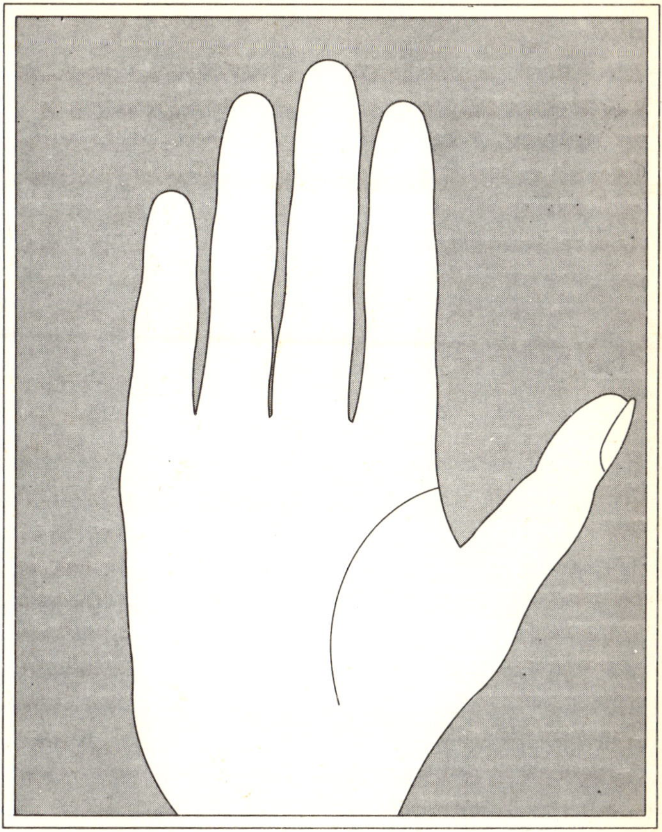

send und cholerisch und verlieren scheinbar, aus nichtigem Grunde, den Verstand. Wird der am unteren Daumenberg fehlende Teil der Lebenslinie durch eine starke Schicksalslinie ersetzt, bleiben die Ausbrüche in Grenzen.

PROBLEM NR. 7:

Sind Sie ängstlich oder gehemmt?

Bleiben wir gleich bei der Lebenslinie. Bei manchen Menschen finden wir innerhalb des von der Lebenslinie umschlossenen Bereichs eine meist *gerade* Linie (siehe Abb. 22), die man als Angst- oder Hemmungslinie bezeichnet.
Wenn Sie einmal Ihre Hand betrachten, werden Sie bemerken, daß vom Daumenansatz unzählige Linien nach außen streben und im unteren Bereich an der Lebenslinie enden. Werden diese Kontaktlinien vor allem in jenem Bereich des unteren Daumenbergs, also im Bereich der Triebe, durch eine senkrechte Linie abgeblockt, dann hat der betreffende Mensch Schwierigkeiten im Kontakt zu anderen Menschen. (Zu den Trieben zählt nicht nur der Geschlechtstrieb, sondern jeder vitale Antrieb, z. B. auch ein Bewegungstrieb, ein Trieb nach Wissen, usw.) Solche Personen können äußerlich durchaus kontaktfreudig und aufgelockert wirken, aber wenn's ernst wird, ziehen sie sich zurück und kneifen. Ist die Angstlinie nur im oberen Teil ausgeprägt, wirken sich die Hemmungen nur in der Jugend und mehr im geistigen Bereich aus.

Abb. 22

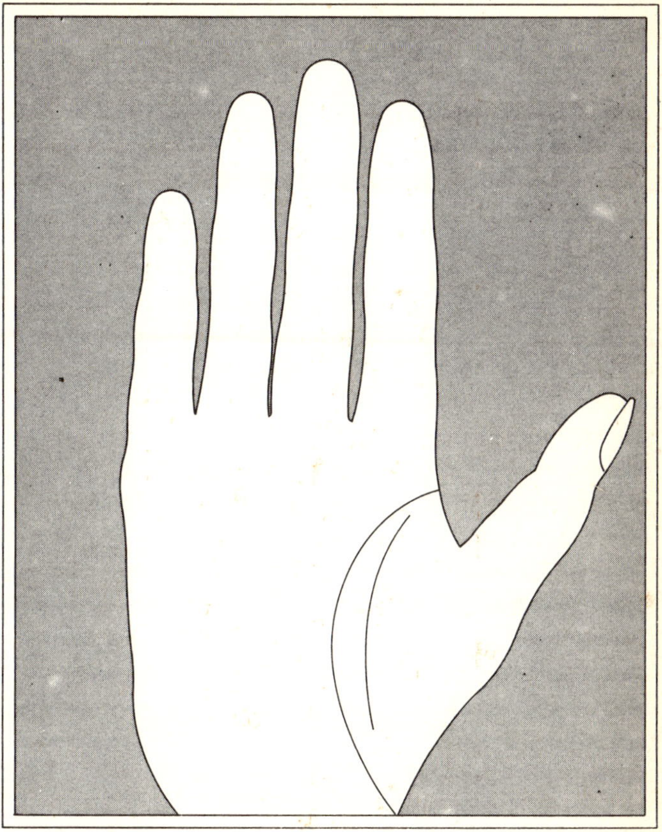

PROBLEM NR. 8:

Sind Sie ein Schauspieler?

Kehren wir zurück zu Kopf- und Herzlinie. Bei manchen Menschen kann man beobachten, daß beide Linien über eine große Strecke exakt parallel verlaufen:
Wir haben dies bei vielen Menschen beobachtet, die in der Öffentlichkeit eine Rolle spielen müssen (oder glauben, dazu verpflichtet zu sein), also bei Politikern, Schauspielern, aber auch bei Partylöwen und bei Hausfrauen, die sich um jeden Preis der jeweiligen Gesellschaft anpassen wollen (oder müssen). Solche Menschen stellen sich auf das ein, was von ihnen erwartet wird, und wenn sie etwas vorspielen, dann wissen sie häufig selber nicht mehr, was erdacht und was wirklich ist. Sie wachsen so in ihre Rolle hinein, daß man ihnen glaubt. Herz und Verstand sind sozusagen eins. (Besonders ausgeprägt fanden wir diese Konstellation bei der Spiritual-Sängerin Mahalia Jackson, deren großartige Interpretation auf Grund ihrer Identifikation mit dem Inhalt der Lieder so echt ist, daß sie jeden Zuhörer packt.)

Abb. 23

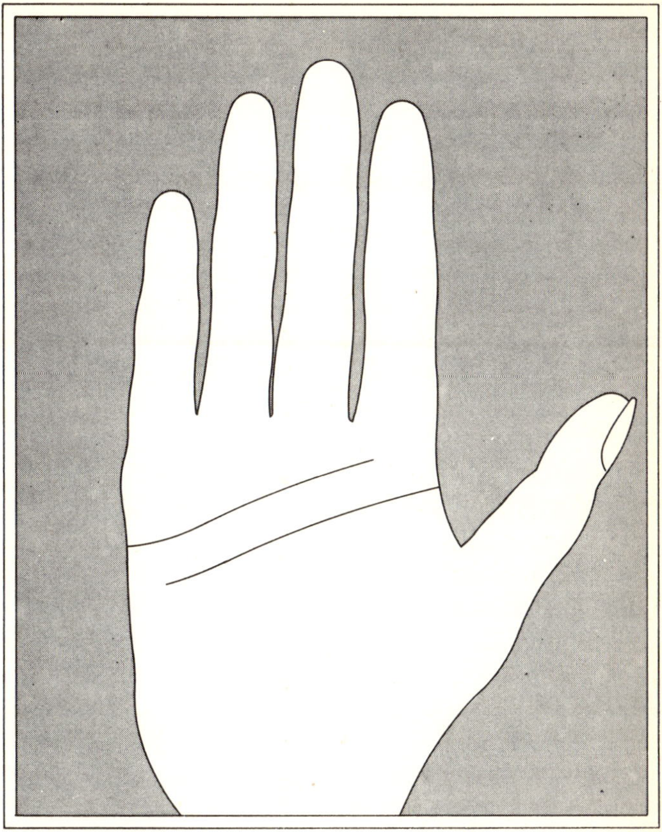

Wie steht's denn mit der Liebe?

Das ist eine heikle Frage, und Sie sollten sie mit Takt und Humor beantworten. Ausgangspunkt sind die Liebes- oder Ehelinien, die man an der Handkante zwischen dem Ansatz der Herzlinie und dem Beginn des kleinen Fingers findet.
Sie sagen etwas über die Fähigkeiten eines Menschen, sich an einen Partner seelisch oder geistig binden zu können. Bemerken wir nur eine einzige Linie (Abb. 24), so handelt es sich um eine Person, die nur einmal in ihrem Leben eine feste Beziehung eingeht und, sollte diese mißglücken oder aus anderen Gründen aufgelöst werden, ihr immer nachtrauert und dann in der Vergangenheit lebt, statt die Gegenwart zu genießen. Damit ist nicht gesagt, daß solche Menschen auch *treu* sind. Wenn die Umwelt eheliche Seitensprünge zuläßt, toleriert oder gar fordert, dann wird sich dieser Mensch dem gesellschaftlichen Zwang durchaus nicht verschließen wollen. Aber das sind dann für ihn unbedeutende Abenteuer (sein Partner mag da anderer Meinung sein).
Anders ist es bei Menschen mit mehreren etwa gleich starken Linien (Abb. 25). Diese können sich aufs neue verlieben und ihrem Partner mit der gleichen Intensität und Leidenschaft verbunden sein wie den früheren. Damit ist jedoch nicht gesagt, daß Menschen mit mehreren Liebeslinien alle kleine Casanovas sind; sie können ihrem ersten Partner das ganze Leben lang durchaus treu bleiben, aber sie haben in sich das *Potential* zu mehreren intimen Beziehungen.
Sind die Liebeslinien sehr blaß (Abb. 26), haben ihre Träger wenig Bindungswillen an einen Partner. Sind sehr viele blasse Linien zu sehen, deuten diese auf sehr viele Bekanntschaften

(vornehmlich mit dem anderen Geschlecht), die aber alle eher oberflächlich und bindungslos sind.
Schließlich können, als Extremfall, die Liebeslinien gänzlich fehlen (Abb. 27). Ein solcher Mensch ist im Liebesbereich seelisch bindungslos und erotisch richtungslos, womit aber nichts über seine menschlichen Qualitäten ausgesagt ist.

Abb. 24

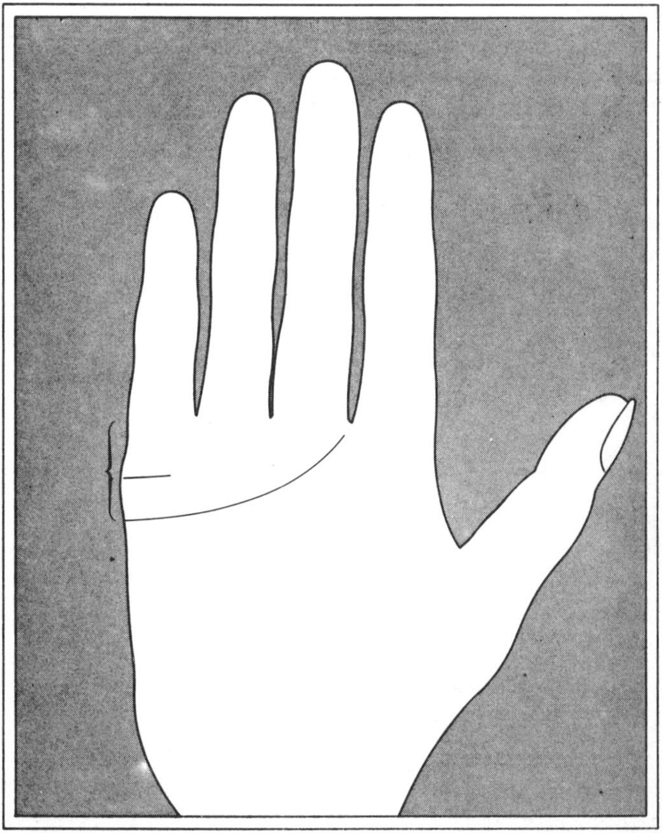

Abb. 25

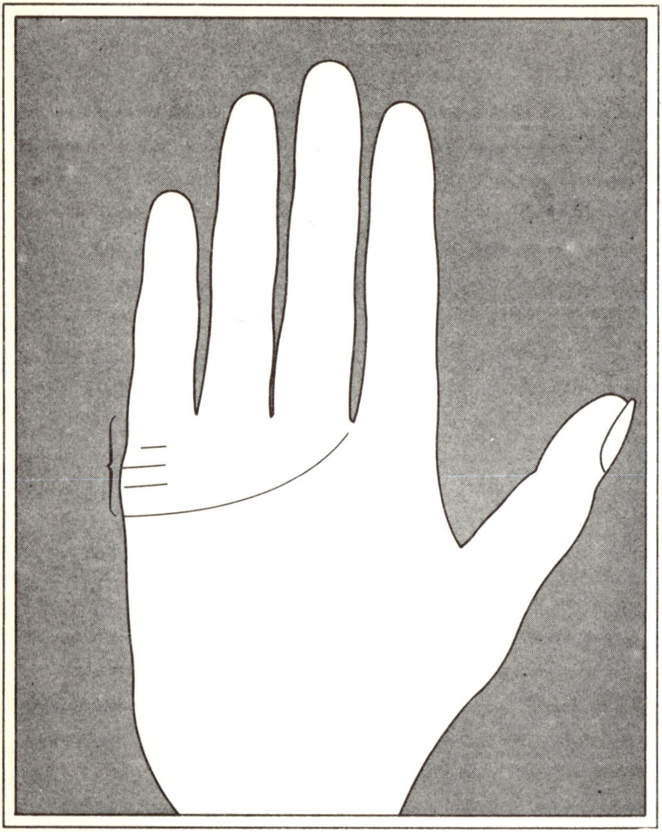

Übrigens: Die Folge der Linien (von unten nach oben) entspricht der zeitlichen Folge der Beziehungen.
Wenn eine Liebeslinie am Ende nach oben verläuft (Abb. 28), dann hat der betreffende Mensch in Liebesdingen eine optimistische Einstellung und kommt über eventuellen

Abb. 26

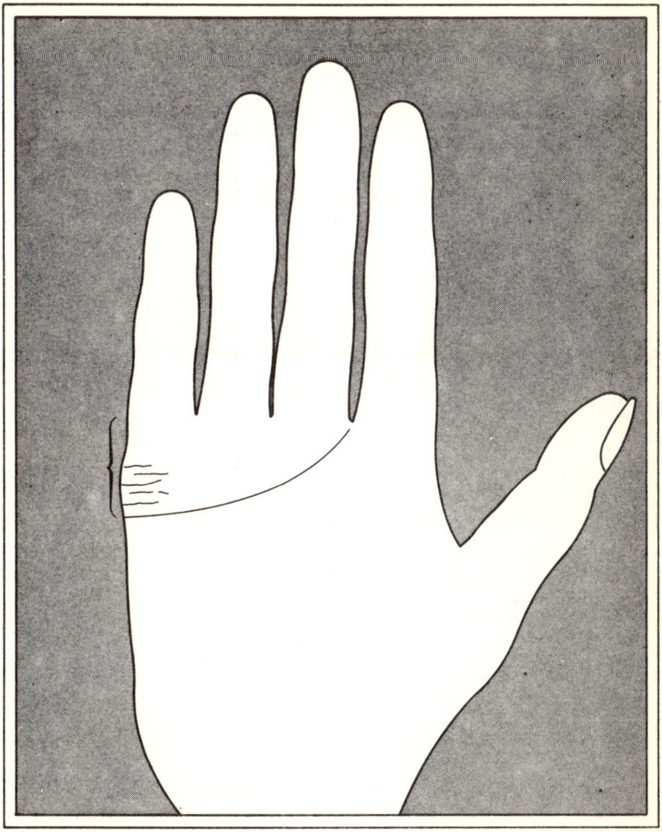

Kummer schnell hinweg. Ist die Linie nach unten gerichtet (Abb. 29), so neigt ihr Träger zu Pessimismus in Liebesdingen und kommt über Verluste schwer hinweg. — Zahlreiche andere Merkmale finden Sie in der kleinen Systematik im zweiten Teil dieses Buches.

Abb. 27

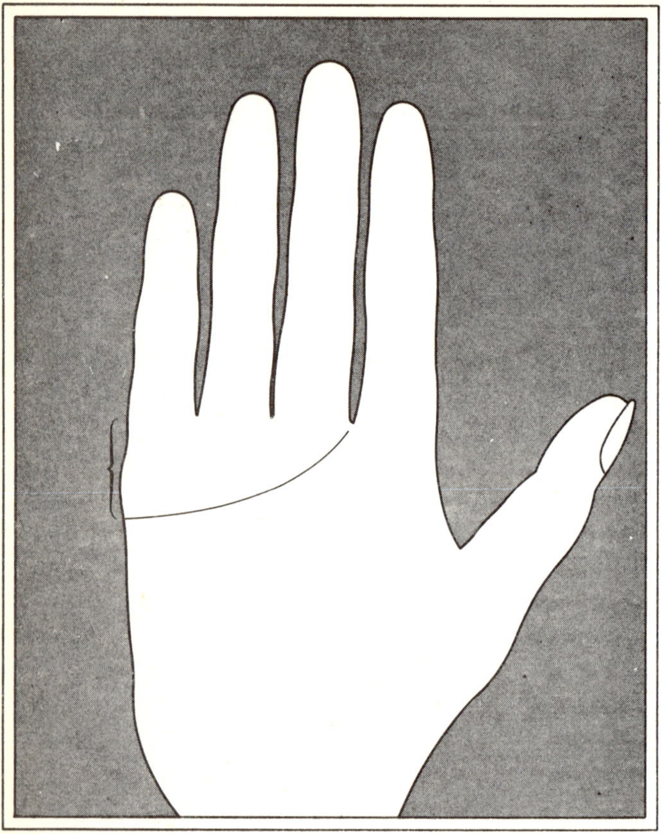

Wir haben damit unseren Kurzlehrgang abgeschlossen. Er bezog sich auf Merkmale, die immer zu sehen sind und meist sehr deutlich hervorspringen, so daß ein kurzer Blick genügt. Mit diesen wenigen Erkenntnissen können Sie bereits das Ziel, ein sinnvolles Gespräch zu beginnen (oder

Abb. 28

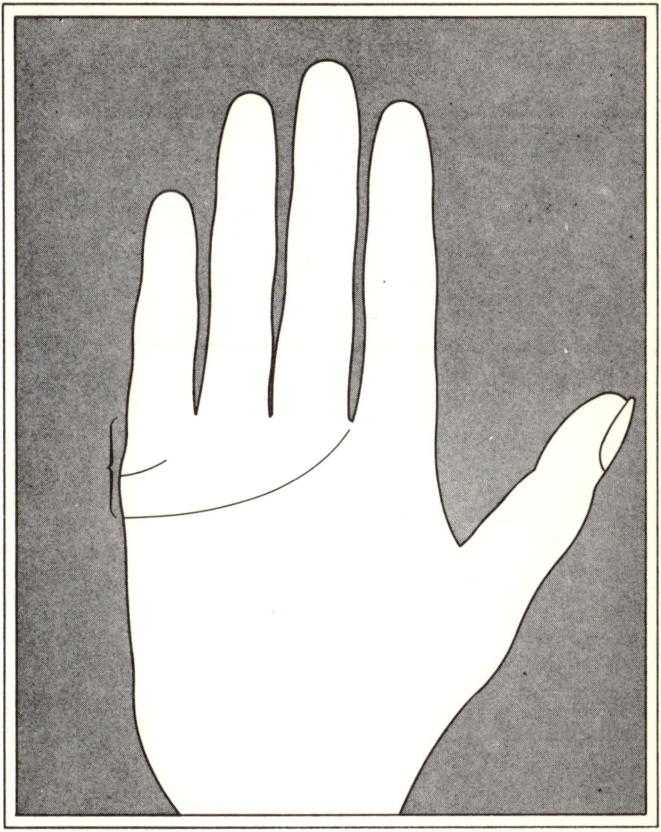

Ihre Umwelt zu beeindrucken) erreichen. Sie dürfen nur nicht vergessen, die einzelnen Beobachtungen zu kombinieren und darauf zu achten, ob einzelne Charaktermerkmale öfter auftauchen (und damit einander verstärken). Fangen Sie am besten bei sich selbst und Ihren Bekannten an,

Abb. 29

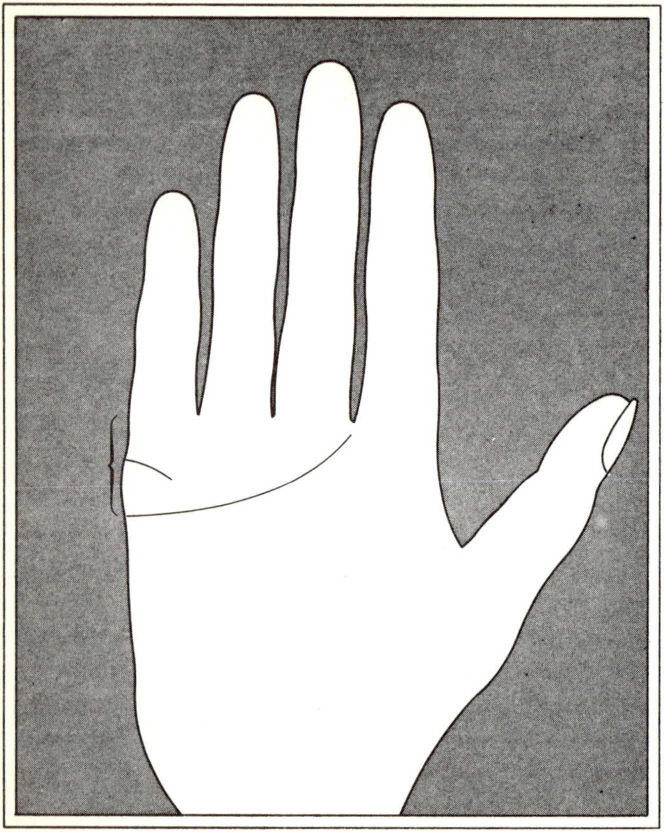

versuchen Sie, die Erkenntnisse in ihrer konkreten Ausprägung zu erfassen und Widersprüche aufzuklären. Wir wünschen Ihnen viel Glück dabei!

Kleine Systematik der Handlinien

Im folgenden führen wir die wichtigsten und am häufigsten auftretenden Handlinienmerkmale in systematischer Form auf. Jeder Leser dieses Buches wird gleich zu Beginn seiner chirologischen Karriere auf Merkmale stoßen, die in der Systematik nicht enthalten sind. Hier hat es keinen Zweck, lange die Literatur nach der Bedeutung dieser Merkmale zu durchforsten. Lassen Sie Ihr Kombinationsvermögen spielen, ziehen Sie Analogieschlüsse oder fragen Sie einfach Ihr Gegenüber, was es bedeuten könnte (»Ein derartig ungewöhnliches Phänomen ist mir in meiner langjährigen Handlesepraxis noch nie begegnet. Sie sind wirklich ein interessanter Mensch!«).

Unsere Systematik ist von Umfang und sprachlicher Formulierung her notwendigerweise etwas knapp gefaßt. Verfallen Sie nun nicht in den Fehler, die angeführten Eigenschaften einfach vorzulesen! Sehen Sie sich lieber zuerst die ganze Hand an, ergründen Sie die einzelnen Merkmale und achten Sie darauf, ob die daraus folgenden Eigenschaften *mehrmals* auftreten. Nur dann kann man diese Eigenschaften mit einiger Sicherheit ihrem Träger auch wirklich zuschreiben. Formulieren Sie *vorsichtig* (viel vorsichtiger als in der Systematik) und denken Sie daran, daß a) ein und dieselbe Eigenschaft bei unterschiedlichen Menschen ganz unterschiedlich ausgeprägt sein kann, und b) Ihr Gegenüber Sie mitunter nicht versteht. Lassen Sie stets Einfühlungsvermögen, Takt und Diplomatie walten!

Dann werden Sie und Ihre Umwelt an der Handlesekunst auch die rechte Freude haben.

Die Aussagen über einzelne Merkmale wiederholen sich zum Teil. So bringt eine klare, durchgehende, harmonisch geschwungene Linie meist die besten Eigenschaften zum Vorschein, während eine zerrissene, verkettete, durchschnittene Linie ähnlich heterogene Eigenschaften für die zugehörigen seelisch-geistigen Bereiche zeigt. Gerade Linien deuten auf eine gewisse Kühlheit, Strenge und Distanz in den Charakter, während gewundene (krumme, S-förmige) Linien die Eigenschaft des Durchwindens mit allen positiven und negativen Implikationen mit sich bringt.

Breite, ausgewaschene Linien offenbaren fast immer einen etwas derben, primitiven, sinnlichen Menschen, während fehlende Linien auf Haltlosigkeit in diesem Bereich schließen lassen. Laufen unterschiedliche Linien parallel, so üben sie aufeinander einen Zwang aus, und der eine Bereich muß sich dem anderen stark anpassen.

Brüche, Verschiebungen, Lücken und Schnittlinien bedeuten genau das, was sie sind, nämlich Brüche, Verschiebungen, Lücken und Einschnitte in dem betreffenden Bereich. Zeichen auf den Linien (Punkte, Flecken, Kreuze, Inseln) deuten meist auf gesundheitliche Beeinträchtigungen. Dies gilt besonders für Inseln, die um so gefährlicher wirken, je kleiner und schmäler sie sind. Schließlich sind die Regionen oder Berge, in denen Linien beginnen oder enden, von entscheidender Bedeutung. Der entsprechende seelisch-geistige Bereich der Persönlichkeit nimmt dann die Eigenschaften dieses Berges an.

Der Praktiker der Handlesekunst lasse seine Intuition und Kombinationsgabe walten; wenn das nichts hilft, frage er einfach sein Gegenüber.

Abb. 30

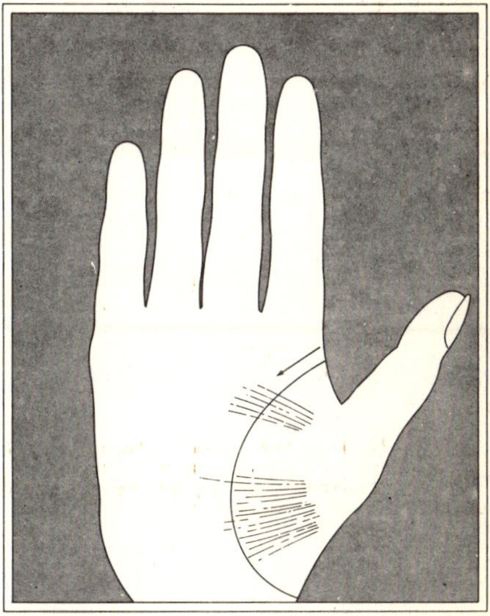

Die Lebenslinie umschließt im Idealfall den Daumenballen in schön geschwungenem Bogen. Sie gibt Auskunft über die allgemeine Gesundheit und das seelische Empfindungsvermögen.
Die Linien aus dem oberen Daumenberg (dem Bereich der Freundschaft und Kameradschaft) gehen normalerweise über die Lebenslinie hinaus, die Linien aus dem unteren Daumenberg (dem Bereich der vitalen Bedürfnisse und Triebe) enden vor ihr. In dem Maß, in dem sie die Lebenslinie überschreiten (und dies gilt vor allem für den unteren Bereich), überschreiten die sexuellen Kräfte ihre von der Natur gesetzten Schranken.

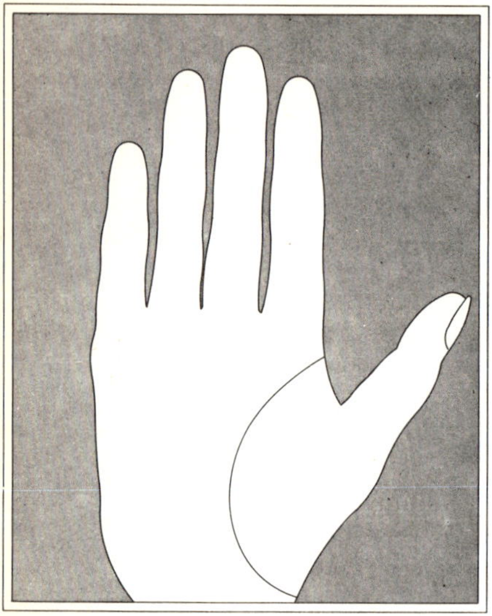

Abb. 31

kräftig, dick,
durchlaufend

Große Vitalität und körperliche Widerstandskraft, gute Gesundheit. Urwüchsig, gleichmütig, seelische Stärke. Unmittelbar, ursprünglich, unbekümmert.
Schließt die Linie unten (wie im Bild), kann ihr Träger seine Leidenschaften und Triebe beherrschen.
Ist sie unten offen und sehr dünn und blaß, neigt ihr Träger zu Temperamentsausbrüchen, im Extremfall zu Jähzorn.

Abb. 32

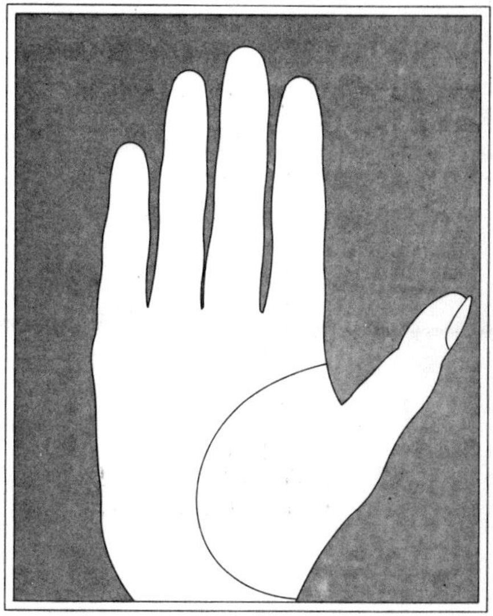

weiter Bogen

Viel Empfinden, Seele und Gefühl. Warmherzig, großzügig, sinnlich, genußliebend, bequem. Hält sich gern in der Gemeinschaft seiner Lieben auf (Familie, Freundeskreis).

Abb. 33

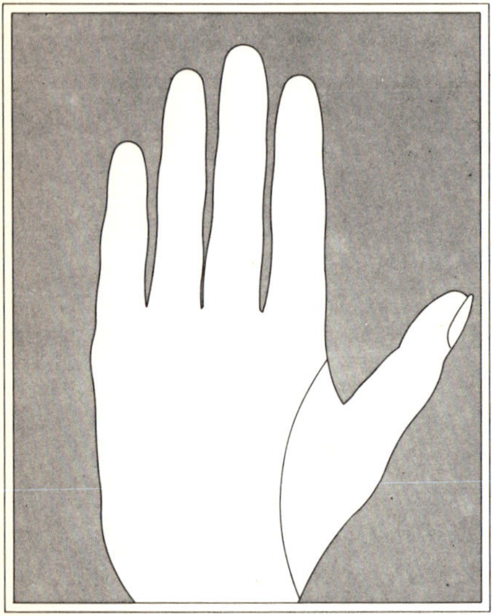

flacher Bogen

Kühl, nüchtern, sachlich, egoistisch, gefühllos. Ethisch anspruchslos, läßt sich treiben. Wenig Kultur und Stolz. Eher vom Verstand beherrscht.

Abb. 34

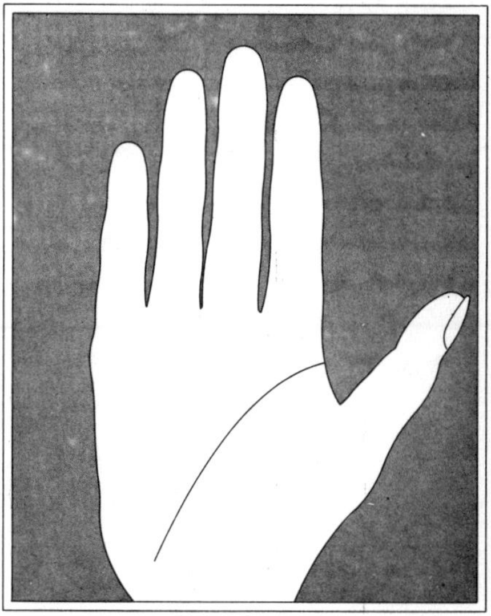

in den anderen Handbereich laufend

Vielseitige Interessen, ständiger Wechsel, Unstetigkeit. Liebt große Reisen und eine abwechslungsreiche Umgebung. Genußfreudig bis genußsüchtig. Berufswechsel.
Das gleiche gilt, wenn die Lebenslinie im unteren Bereich deltaförmig verästelt ist, also wie eine Flußmündung aussieht.

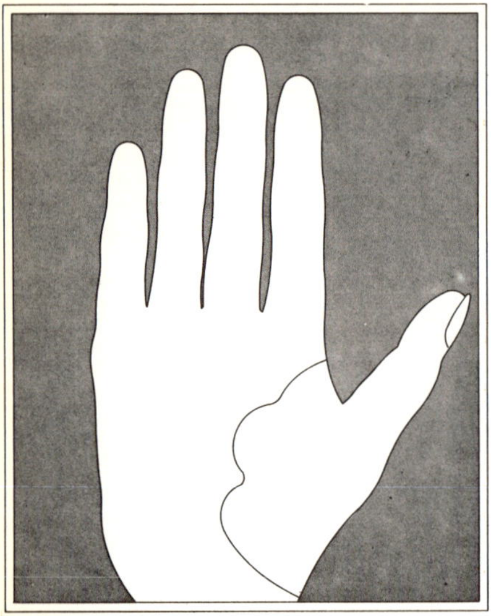

Abb. 35

wellig

Keine Festigkeit in Gesundheit und Charakter, keine Haltung, schlängelt sich durch, geht Entscheidungen aus dem Wege.

Abb. 36

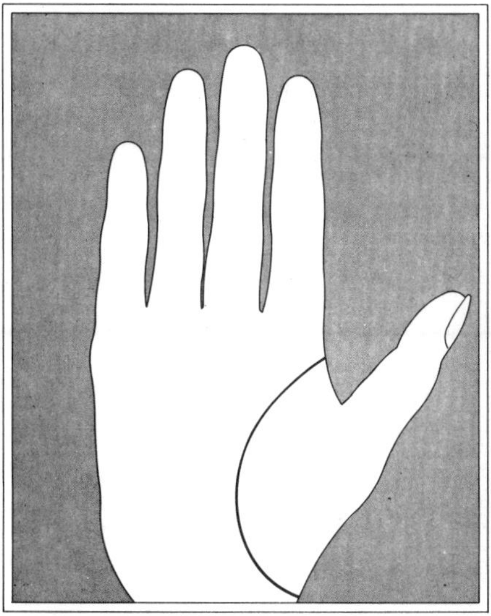

breit, ausgewalzt

Etwas derber und primitiver Mensch mit Neigung zu Unmäßigkeit und Überanstrengung.
Ist die Linie unten offen oder rötlich, werden die negativen Eigenschaften verstärkt: Gefühlsausbrüche, Rohheit, Brutalität.

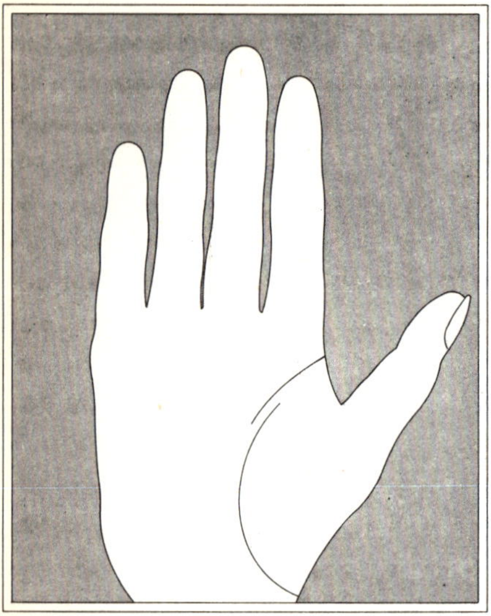

Abb. 37

unterbrochen
verschoben

Lebenswichtige Umorientierung. Einschneidendes Ereignis, das einen neuen Lebensabschnitt einleitet.
Bruch in der rechten Hand: Unfallgefahr.
Bruch in der linken Hand: schwere Krankheit.
Lücke in der Lebenslinie: der Träger fühlt sich zu dieser Zeit vom Leben ausgeschlossen, er lebt sozusagen nicht und hält eine Art seelischen Winterschlaf.
Lücke in beiden Händen an der gleichen Stelle: Lebensgefahr!

Abb. 38

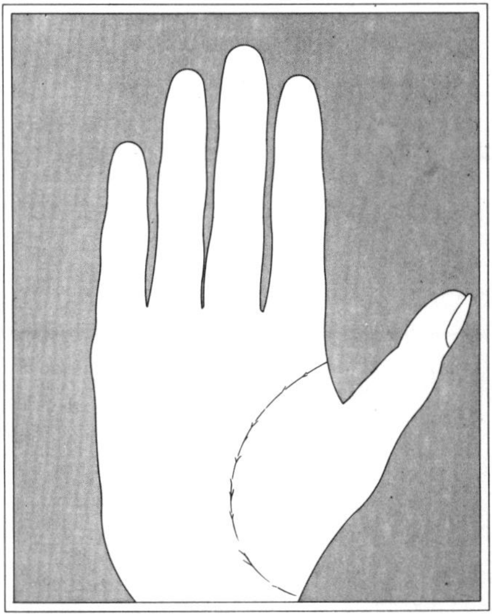

zart, dünn,
aus feinen Strichen
zusammengesetzt

Schwächliche, zarte Gesundheit. Neigung zu Fieber, Erschöpfungszuständen, Nervosität, Kopfschmerzen und Schlaflosigkeit. Zart besaitet, sensibel, verweichlicht. Gereizt, nörglerisch. Wenn auch blaß und farblos: keine Lebensenergie, wenig Lebenswille. Gibt sich schnell auf, resigniert im Krankheitsfall.

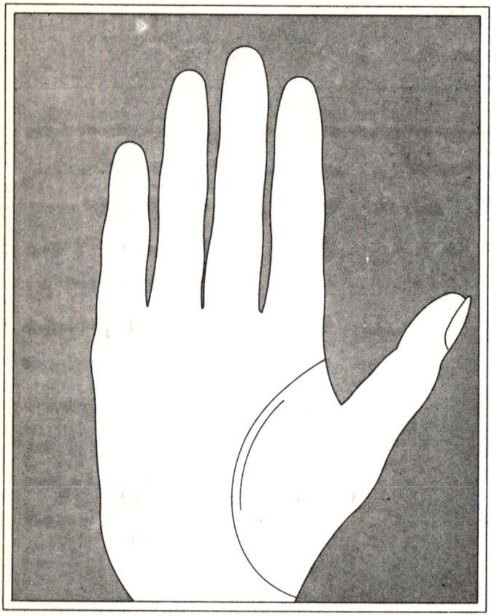

Abb. 39

doppelte Lebenslinie (exakte, sehr nahe Parallele)

Gute Stärkung der Gesundheit und der Willenskräfte. Überwindet Krankheiten leicht.

Ist die Parallele mit der Lebenslinie verbunden, liegt eine sogenannte Insel vor. Dann treffen zwar die oben erwähnten Eigenschaften zu, aber es kommt zu gesundheitlichen Störungen (chronischen Erkrankungen), die sich auch seelisch auswirken können.

Abb. 40

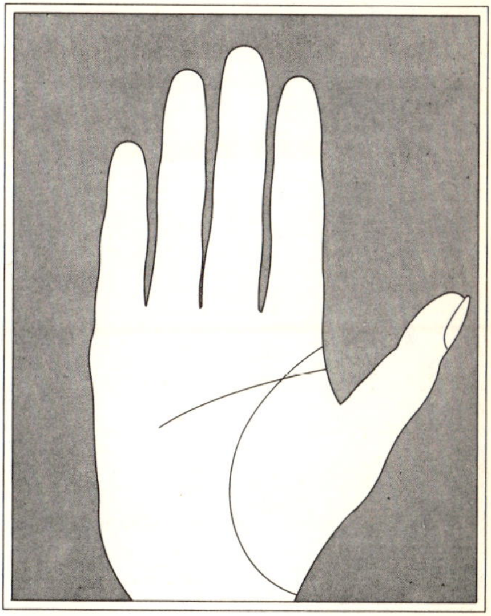

über der Kopflinie,
im Zeigefingerberg
beginnend

Besonders ehrgeizig, strebsam und zielbewußt. Empfindliches Ehrgefühl: Jede Verletzung des Selbstgefühls wird als unmittelbare Bedrohung aufgefaßt. Kämpferisch, streitsüchtig, nörgelnd.
Die Eigenschaften gelten in vermindertem Maße, wenn die Lebenslinie nur *einen Zweig* in die Region des Zeigefingerberges schickt.

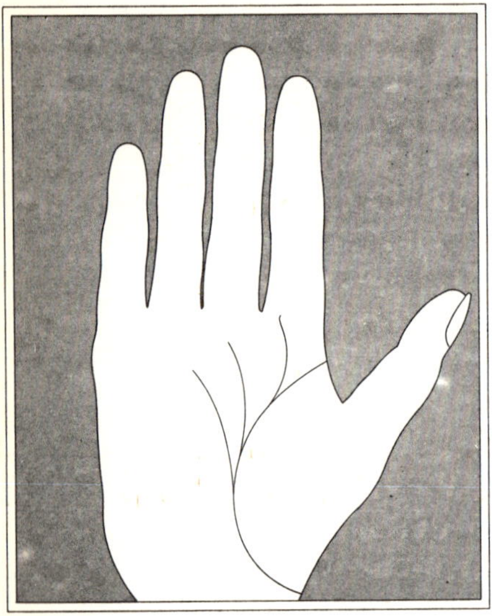

Abb. 41

aufsteigende Äste

Positive Beeinflussung der Gesundheit, der Fähigkeiten und des Charakters.

Zum Zeigefinger: Ehrgeiz, Stolz, Erfolg.

Zum Mittelfinger: Tüchtigkeit, Pflichtbewußtsein, Streben nach materiellen Gütern.

Zum Ringfinger: künstlerische Betätigung.

Zum kleinen Finger: intellektuelle Talente, gewandt in Wort und Schrift.

Zum oberen Außenberg: Energie, Fleiß, Tatkraft, Kampflust. Bildet sich zwischen Lebenslinie, Kopflinie und aufsteigender Linie ein Dreieck, ist mit nervösen Magenbeschwerden zu rechnen.

Abb. 42

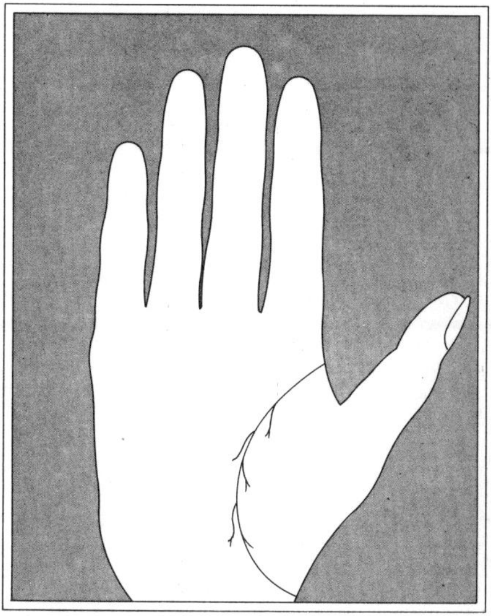

absteigende Äste

Belastendes Ereignis, das schwer genommen wird. Negative Einstellung zum Alter, Resignation (wenn im unteren Bereich). Beeinträchtigung der Vitalität (zu diesem Zeitpunkt).

Hemmungslinie

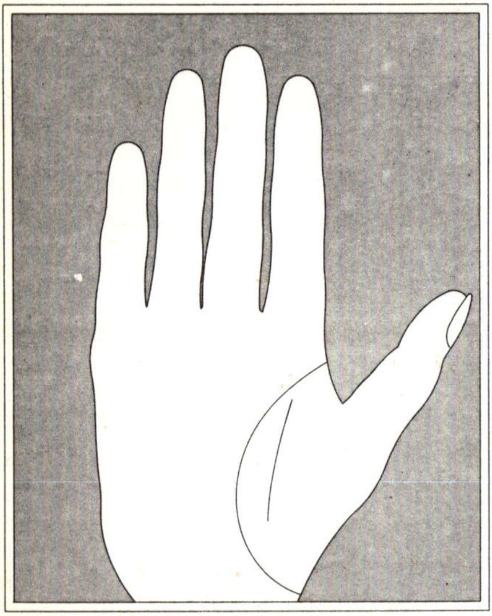

Abb. 43

innerhalb der Lebenslinie, senkrecht nach unten

Hemmungen und Stauungen der Triebkräfte. Ängstlich, schüchtern, gehemmt. Eventuell Angstzustände, besonders Zukunftsangst. Zeitpunkt der Hemmungen beachten! (oben = Jugend, unten = Alter).
Verstärkte Wirkung dann, wenn die zahlreichen kleinen, waagrecht nach außen strebenden Linien durch die Hemmungslinie abgeblockt werden.

Kopflinie

Abb. 44

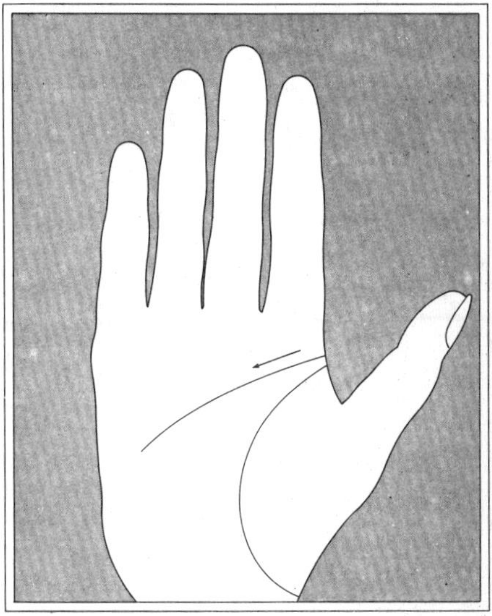

Die Kopflinie läuft vom Handinnenrand in sanftem Schwung zur Handkante und endet etwa drei Fingerbreit unter dem kleinen Finger. Sie gibt Auskunft über Art und Einsatz der Verstandeskräfte. Bei gutem Verlauf besagt sie für ihren Träger:
Ausgewogener, praktischer Verstand. Gute Auffassungs- und Beobachtungsgabe, gutes Tatsachengedächtnis. Urteilsfähig, verständig und kritisch. Innere Kraft, sellische Stärke und Konsequenz.

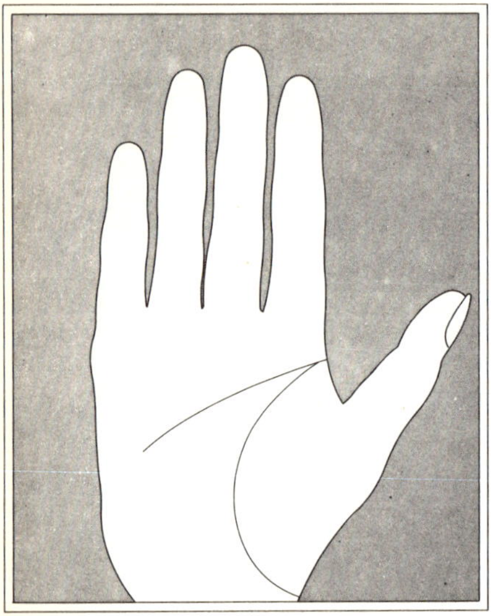

Abb. 45

mit der Lebenslinie verbunden

Kurze Verbindung (etwa 1 cm): überlegt, besonnen, nüchtern. Denkt, bevor er handelt. Von Modeströmungen unbeeinflußt.
Lange Verbindung (etwa 2 cm): unsicher, zaghaft, schüchtern, entschlußlahm. Egoistisch, verschlossen. Entwicklungshemmungen: Spätentwickler.

Abb. 46

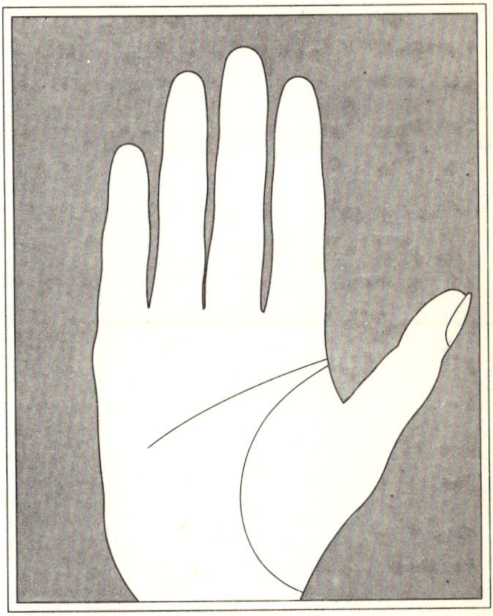

kleiner Abstand
zur Lebenslinie
(weniger als ½ cm)

Wacher Verstand. Entschlußfreudig, beweglich, freimütig, offen. Zugänglich, optimistisch, impulsiv, charmant. Wirkt stets jugendlich. Verstandesbetont, aber bisweilen unsensibel und unrealistisch im Einschätzen der Lage.

Abb. 47

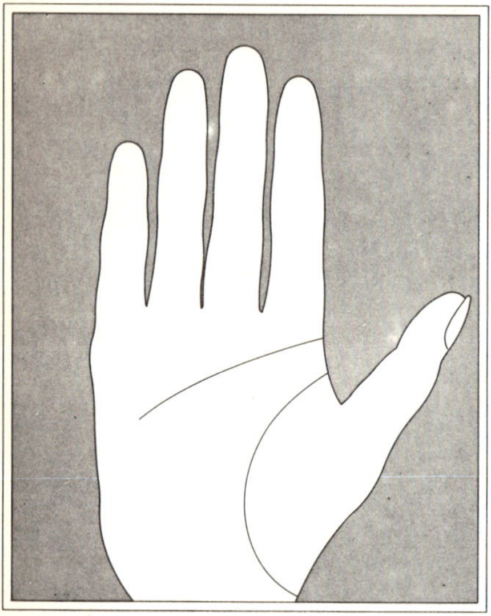

weiter Abstand zur Lebenslinie (mehr als ½ cm)

Legt großen Wert darauf, daß seine Verstandesfähigkeiten anerkannt werden. Kann keine Kritik vertragen. Hat Prinzipien, von denen er nicht abweicht. Starkes Selbstbewußtsein, kühn bis leichtsinnig. Starker Ehrgeiz, der zum Raubbau der Kräfte führt. Bemüht sich um Beachtung, Ansehen, Prestige und Erfolg und lebt in ständiger Angst, durch eigene Mängel negativ aufzufallen. Pflichtbewußt, bedacht auf gesellschaftliche Konventionen. Systematischer Denker. Kontaktschwierigkeiten wegen seiner Kritiksucht. Ein ›starker Charakter‹!

Abb. 48

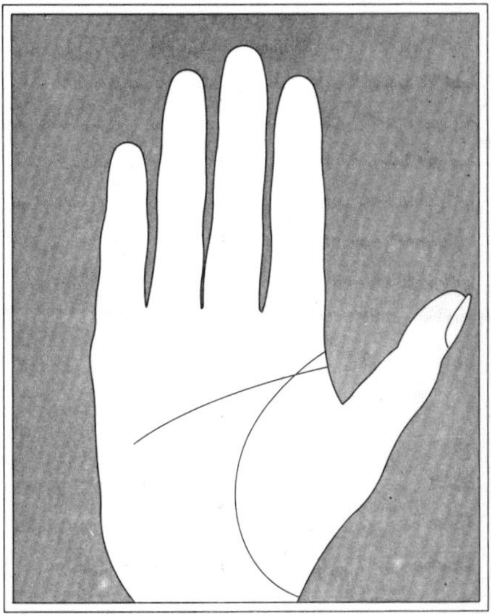

innerhalb
der Lebenslinie
beginnend

Unzufrieden, reizbar, mürrisch, empfindsam. Kämpferisch bis streitsüchtig.

Abb. 49

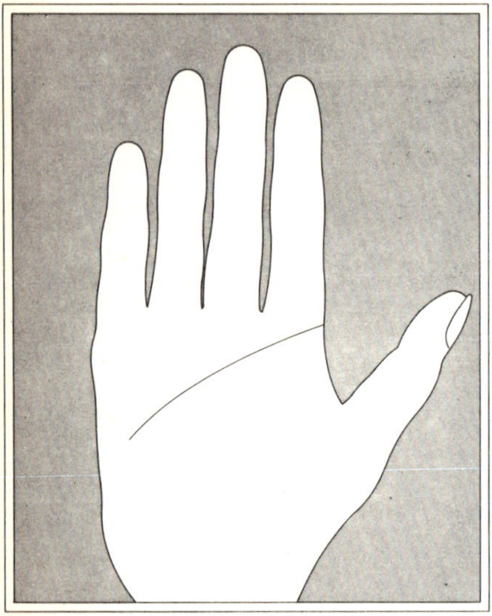

hoher Ansatz
(im Zeigefingerberg
beginnend)

Starker Ehrgeiz. Zielstrebigkeit, Pflichtbewußtsein und Rechtsgefühl. Geeignet für verantwortungsvolle und einflußreiche Stellungen, die auch häufig angestrebt werden.

Abb. 50

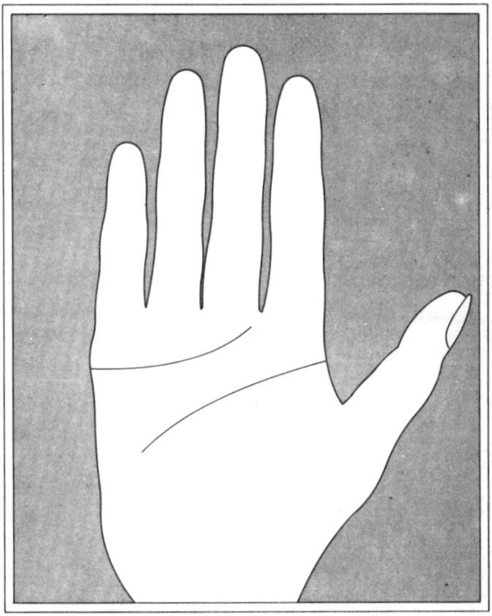

weiter Abstand
zur Herzlinie

Großzügig, entgegenkommend, tolerant, heiter, jovial. Nachlässig, schlampig, maßlos. Kann von der Hand in den Mund leben, braucht keine finanzielle Sicherheit. Lebenskünstler, verständiger Erzieher. Große Pläne, die über den Alltag hinausgehen (aber nicht unbedingt realisiert werden). Großzügiges, elastisches Gewissen.

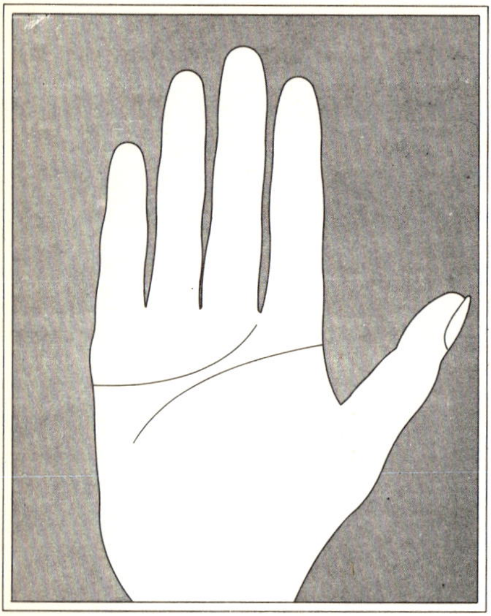

Abb. 51

kleiner Abstand
zur Herzlinie

Beengter Horizont. Engstirnig, kleinlich pedantisch, intolerant, egoistisch. Sich selbst für das Maß aller Dinge nehmend und andere belehrend. Harter Erzieher mit wenig Verständnis für die Schwächen anderer. Starkes Bedürfnis nach materieller Absicherung. Moralisierend, ängstlich, verkrampft.

Abb. 52

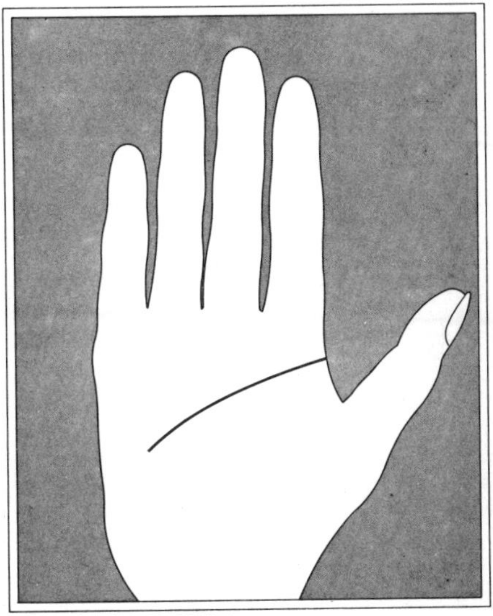

breit und
ausgewaschen

Unscharfes Denken. Neigung zu geistiger Überarbeitung, nervösen Kopfschmerzen und Schlaflosigkeit (besonders, wenn die Linie rot gefärbt ist).

Abb. 53

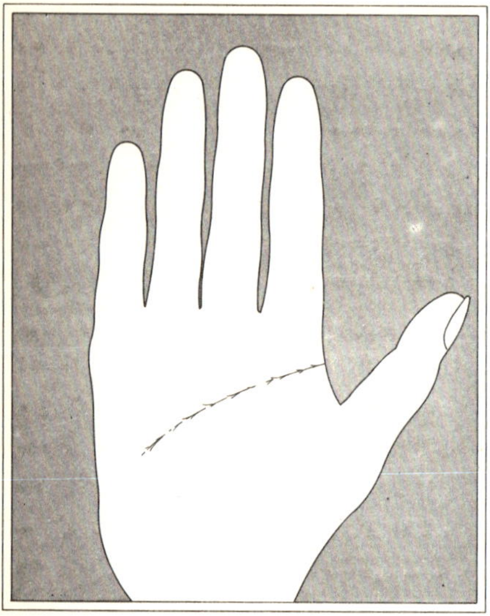

dünn und verästelt

Hohe Sensibilität, schnelles Erfassen von Situation, gutes Gespür, geistige Beweglichkeit. Wenig Ausdauer, Neigung zu Nervosität, Kopfschmerzen, Schlaflosigkeit und geistigen Erschöpfungszuständen.

Abb. 54

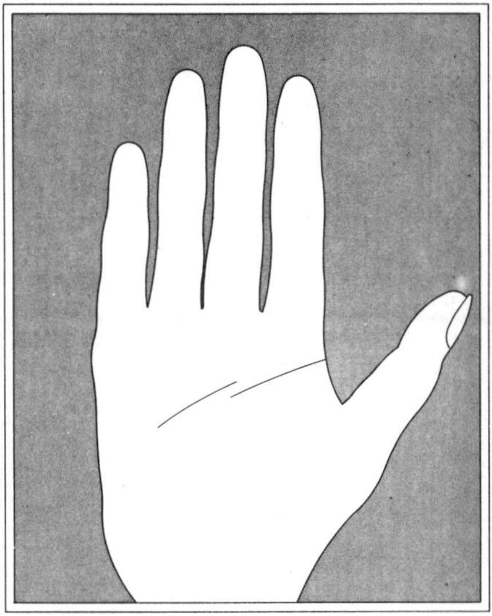

unterbrochen oder
in mehreren Teilen

Sprunghaftes, seltsames Denken. Einander widersprechende Gedanken und Handlungen. Zum Teil logisch und konsequent, dann wieder fahrig und unkonzentriert. Geistig unzuverlässig und unaufrichtig.

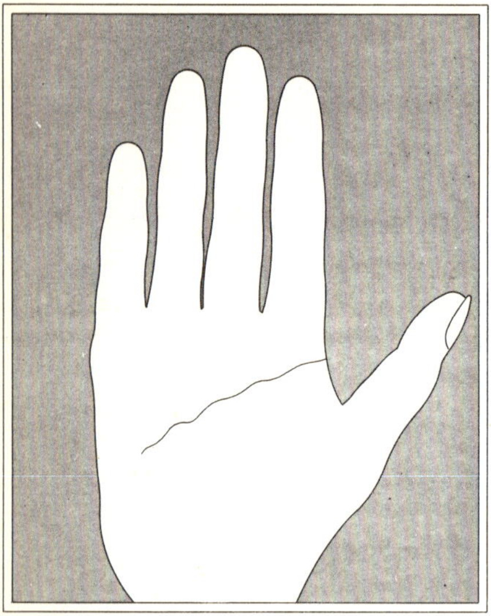

Abb. 55

wellig

Bei *gutem* Gesamtverlaut: gewandt, geschmeidig, anpassungsfähig, charmant.
Bei *schlechtem* Gesamtverlauf: unsicher, wankelmütig, unausgeglichen, unaufrichtig, unzuverlässig.
Allgemein: sich durchschlängelnd, sich durchwindend, ausweichend. Fühlt sich zur Anpassung verpflichtet.

Abb. 56

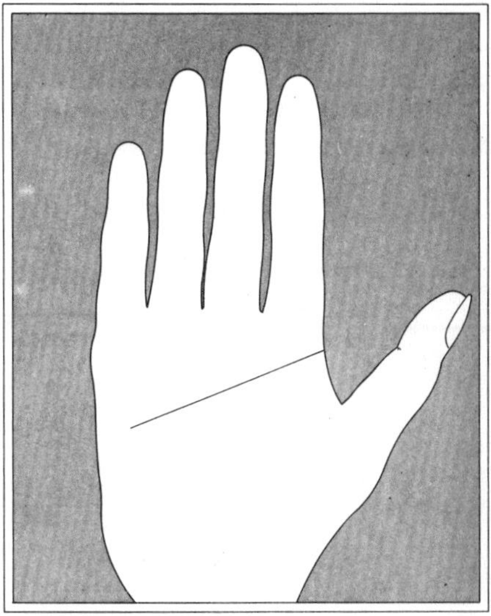

gerade

Systematisch, tatkräftig, ausdauernd, konsequent, verläßlich. Starrköpfig und konservativ. Unflexibel im Denken, rechthaberisch, gerät wegen unbedeutenden Kleinigkeiten mit der Umwelt in Streit.
Bei *sehr geradem Verlauf:* nüchtern, streng, kühl, hart, rücksichtslos. Prinzipienreiter.
Bei *teilweise geradem Verlauf:* naive Rücksichtslosigkeit.

Abb. 57

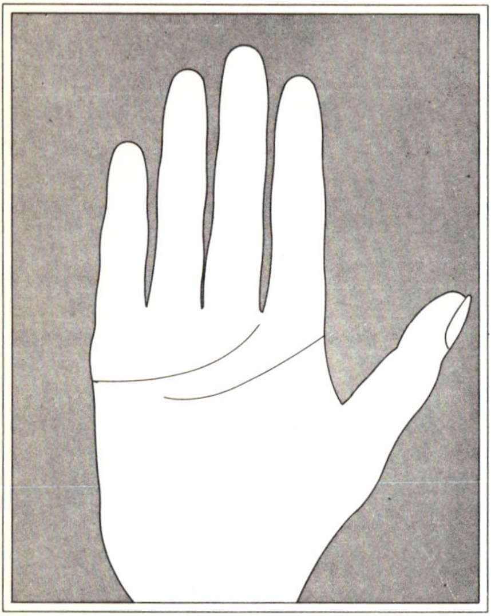

am Ende nach oben gebogen

Auf den Lebenskampf ausgerichtet, berechnend, kühl, rücksichtslos, opportunistisch.

Wenn Herz- und Kopflinie *parallel* verlaufen: Begabung zum Schauspieler, stark ausgeprägtes Rollenverhalten auch im Alltag. Täuscht Gefühle vor, die gar nicht vorhanden sind.

Abb. 58

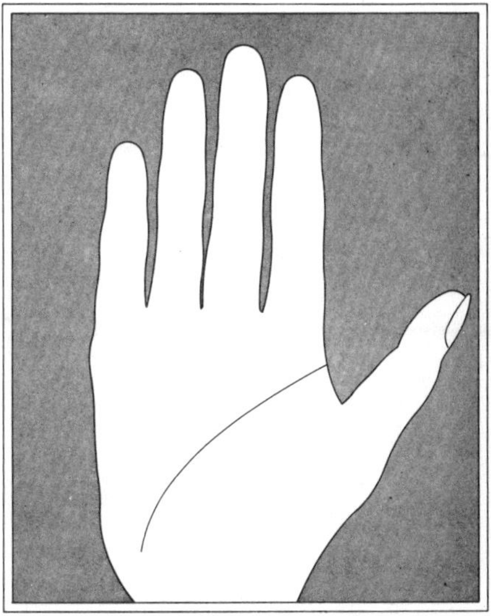

stark nach unten strebend, im unteren Außenberg endend

Feinfühlig, empfindsam, sensibel. Idealistisch, romantisch. Von Stimmungen abhängig. Neigung zu Grübelei und Melancholie. Hohe Intuitionsgabe und Fantasie. Schriftstellerlinie!

Bei *starker Ausprägung:* lebensuntüchtig, Neigung zu schweren Depressionen (falls von vielen kleinen Linien durchschnitten: Neigung zu Selbstmord).

Endet die Kopflinie in der *Handwurzel* (Verlauf etwa parallel zur Lebenslinie), dann besteht die Gefahr der völligen Isolierung von der Umwelt, aber auch eine starke mediale (übersinnliche) Begabung. Die Grenzen zwischen Traum und Wirklichkeit zerfließen.

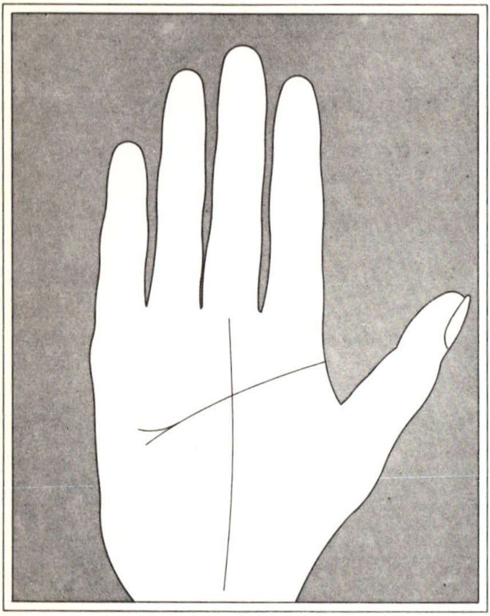

Abb. 59

nach der
Schicksalslinie
gespalten

Gespaltenes Denken. Sprunghaft (bleibt im Gespräch nicht bei der Sache), unruhig, Neigung zu nervösen Störungen. Geistig flexibel und kritikfähig. Zwiespältiges Wesen: himmelhochjauchzend und begeisterungsfähig, dann wieder zu Tode betrübt, unzufrieden und enttäuscht. Ehrgeizig, aber zu wenig Kraft zur Erreichung der Ziele. Glaubt, am falschen Platz oder im falschen Beruf zu stehen, daher häufiger Berufswechsel.

Liegt die Gabelung *vor* der Schicksalslinie, dann verstärken sich die negativen Eigenschaften: Überbeanspruchung des Verstands, Kopfschmerzen, Depressionen und unruhige Träume.

Abb. 60

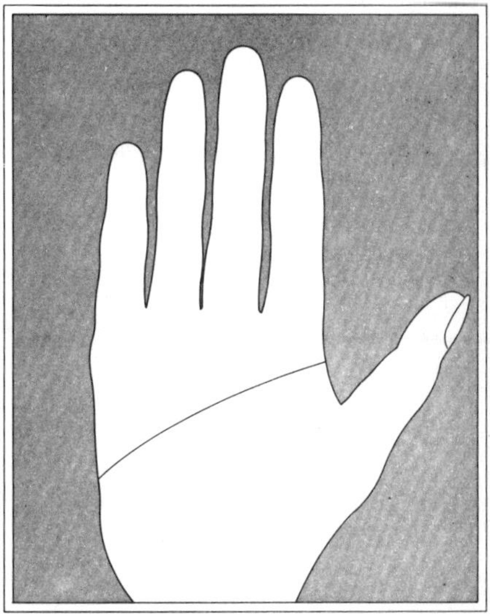

bis zum Handrand

Sich in den Vordergrund schiebend. Im Denken schnell, gewandt und voreilig. Denkt viel über andere Menschen nach, will sie verstehen und drängt sich dabei auf. Fehlende Distanz zur Umwelt. Kritisch und zum Teil unnachsichtig anderen gegenüber. Schnell und hart im Urteil.
Auf den eigenen Vorteil bedacht, dabei sich selbst überschätzend. Keck, burschikos. Will beim Handeln mit dem Kopf durch die Wand.

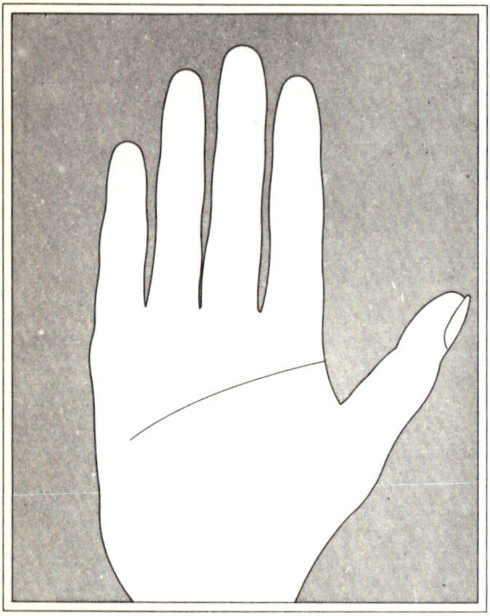

Abb. 61

unterm kleinen
Finger endend

Methodisches, logisches, systematisches Denken. Will seine Mitmenschen verstehen, denkt über sie nach.

Abb. 62

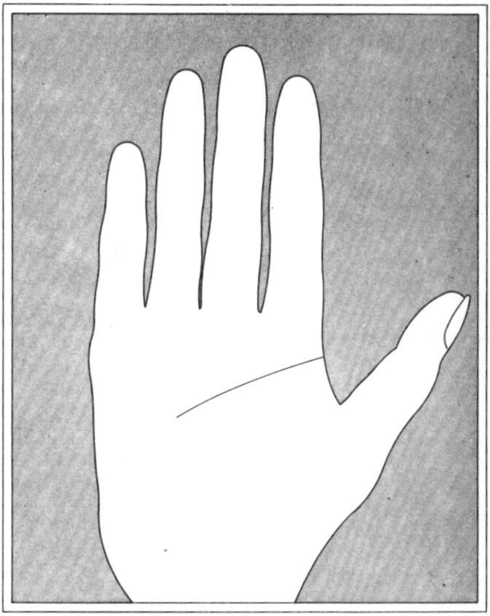

unterm Ringfinger endend

Unkompliziertes, flüssiges, mehr intuitives Denken. Beschäftigt sich mit eigenen Problemen, unzugänglich für die Probleme anderer (wohlwollende Gleichgültigkeit: »Das ist sein Problem.«)

Abb. 63

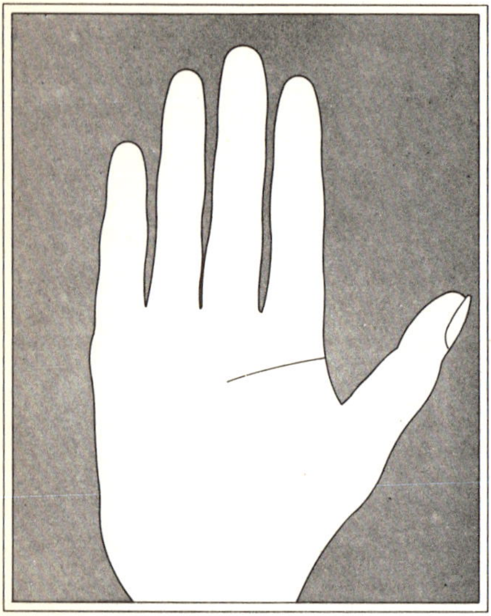

unterm Mittelfinger endend

Beschränkter, enger Verstand, »Kleingeist«. Kann Faktenwissen gut sammeln, zeigt aber sonst wenig Interesse an höheren geistigen Werten.
Endet die Kopflinie *vor der Schicksalslinie*, dann verstärken sich die negativen Eigenschaften: Neigung zu Nervenleiden, Instinktmensch, genußsüchtig, sinnlich, unmäßig. Gestörte Beziehung zur Umwelt (Kontaktschwierigkeiten), versponnen, isoliert.

Herzlinie

Abb. 64

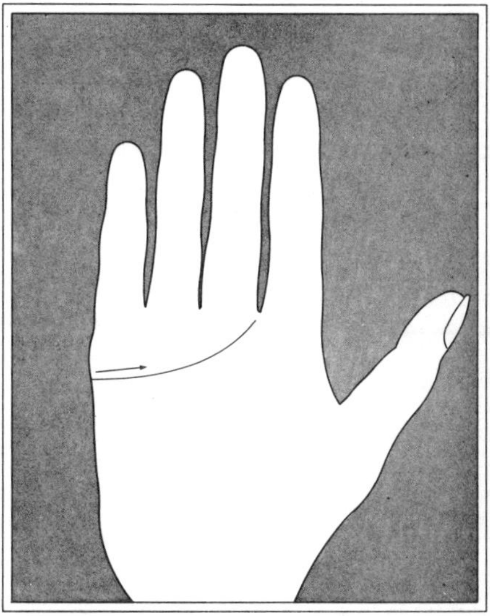

Die Herzlinie verläuft vom Handrand in Richtung Zeige/Mittelfingerbeuge. Sie gibt Auskunft über die Art des Gefühls- und Gemütslebens, der seelischen Bindungsfähigkeit und der Fülle (oder Enge) des seelisch-geistigen Erlebens. Der ideale Verlauf ist (wie bei allen Linien) harmonisch, sanft geschwungen und durchgehend (also nicht unterbrochen). Ihr ideales Ende liegt in der Beuge zwischen Mittel- und Zeigefinger. Die Herzlinie bedeutet dann für ihren Träger: Natürliches, realistisches Gefühlsleben. Warmherzigkeit, Gutmütigkeit, gleichmäßiges Temperament. Fähigkeit zu echten, tiefen Regungen. Gefahr einer zu frühen Bindung an einen Partner (besonders bei Frauen).

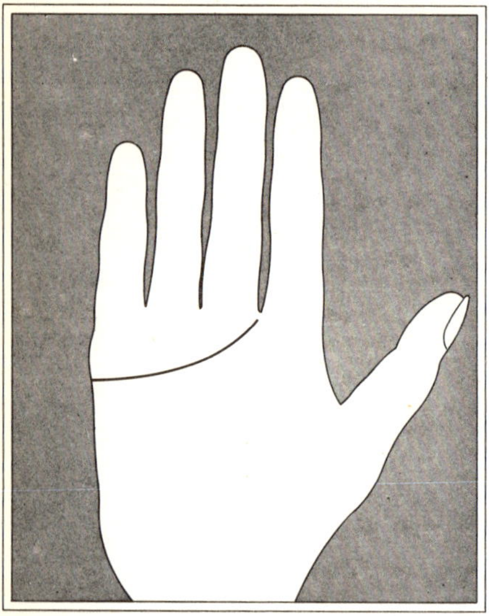

Abb. 65

breit,
ausgewaschen

Genußsucht, Sinnlichkeit, Ausschweifung. Herz- oder Venenschwellung.

Abb. 66

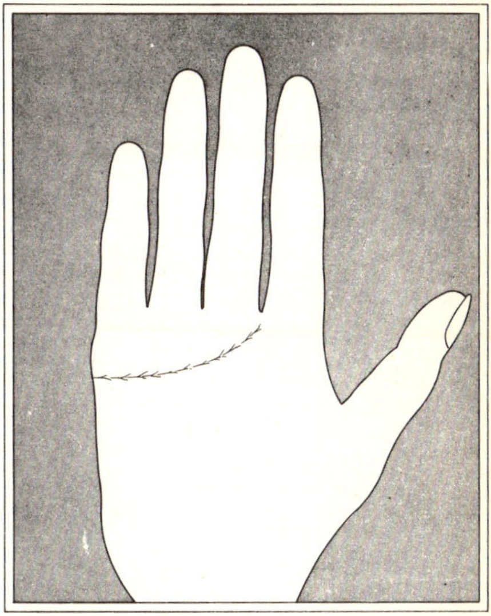

verästelt, fein, lang

Starkes Persönlichkeits- und Ehrgefühl. Selbstkritisch und sensibel. Zartfühlend (auch auf dem Gebiet der Liebe), gewissenhaft.

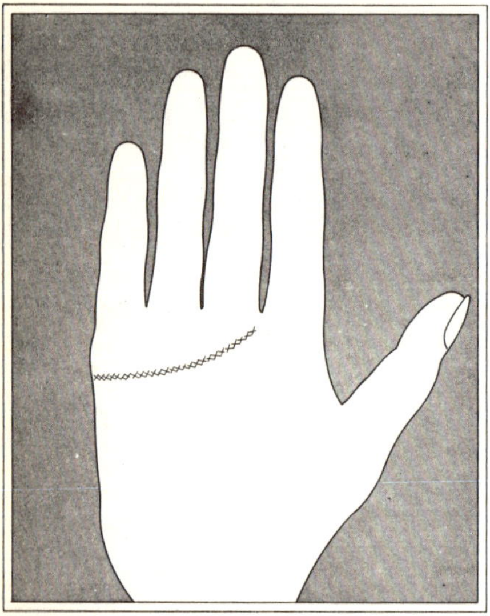

Abb. 67

kettenartig

Zarte Gesundheit, schwaches Herz. Gesellschaftliche Fähigkeiten, aber auch launisch, kokett, unbeständig und nervös. Ständig auf der Suche nach der ›Großen‹ Liebe, erlebt aber viele Enttäuschungen (zu der Zeit, wo die Linie verkettet ist, meist in der Jugend).

Abb. 68

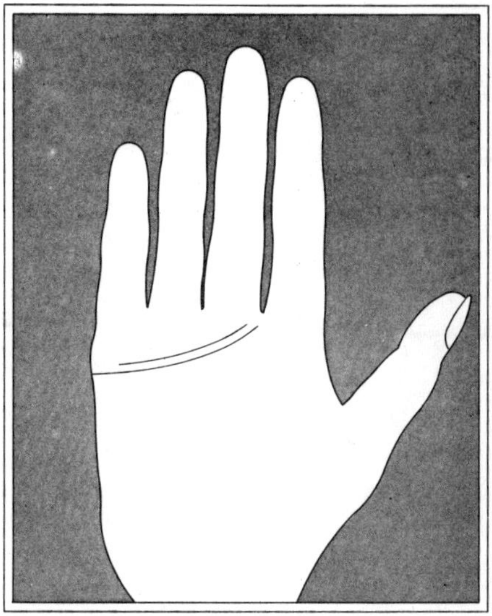

doppelte Herzlinie (Parallele in geringem Abstand)

Übersteigertes Selbst- und Ehrgefühl, in persönlichen Dingen empfindlich. Krankhafte Selbstbeobachtung und Ichbezogenheit. Erträgt und überwindet aber leicht seelische Enttäuschungen.

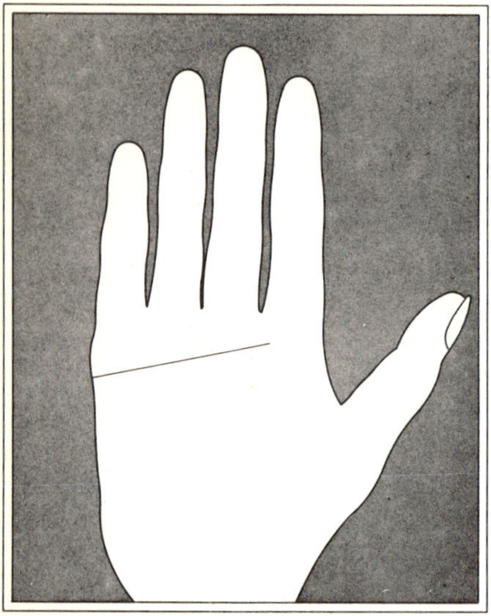

Abb. 69

gerade

Ehrgeizig, kühl, gefühlsmäßig distanziert. Hart, streng, rücksichtslos. Persönliche Bindungen werden dem Streben nach Anerkennung untergeordnet.

Geht die Herzlinie bis zum Handrand (sperrt also die Hand): Neigung zu Eifersucht, aber auch Einsatz und Aufopferung für den Partner. Der Partner ist eine Art Besitz. Möglichkeit zu plötzlichem Gefühlsumschwung, z. B. väterlicher Liebe in Haß.

Abb. 70

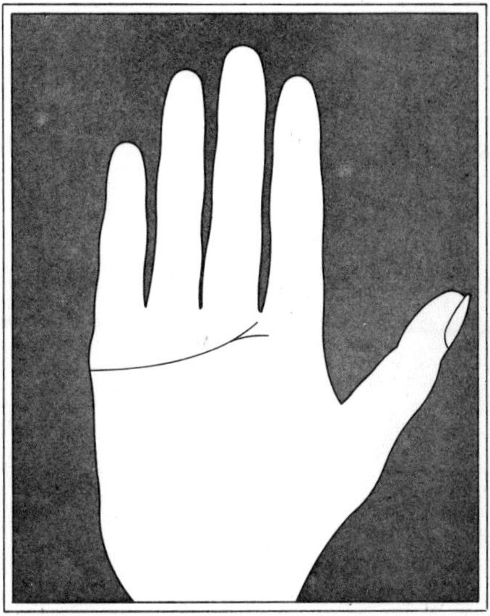

das Ende gegabelt

Zwiespältiges Wesen mit widersprüchlichen Einflüssen. Schwärmerei gepaart mit Ehrgeiz und Berechnung. Neigung zu Eitelkeit, steht gerne im Mittelpunkt.

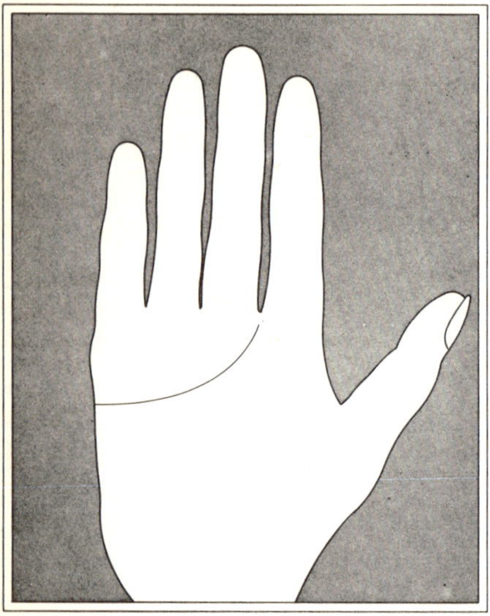

Abb. 71

tiefer Ansatz
(weit weg
von den Fingern)

Tiefgründig, seelische Fülle. Großmütig, verständnisvoll, Interesse an höheren geistigen Werten.

Abb. 72

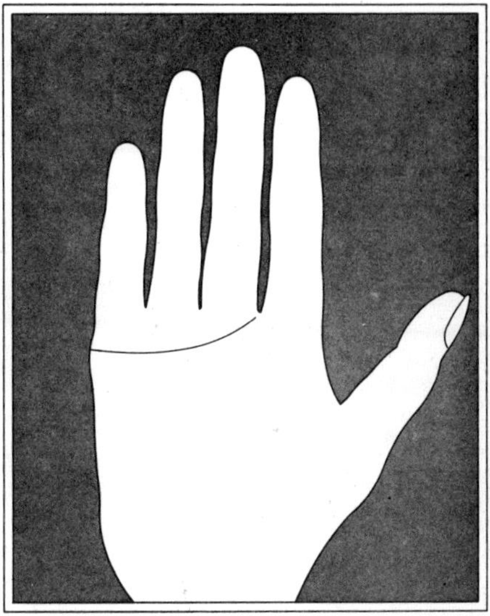

hoher Ansatz
(nahe den Fingern)

In den Gefühlen eher oberflächlich, nicht mit anderen empfindend, an höheren geistigen Werten wenig interessiert.

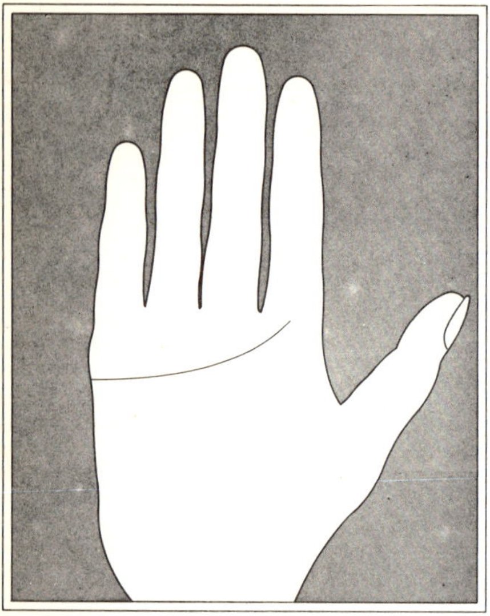

Abb. 73

unterm Zeigefinger endend

Ehrgeizig, selbstbewußt, Streben nach Autorität. Empfindliches Ehrgefühl, stolz, verletzlich. Gefühlsmäßig kühl, distanziert. Besitzt natürliche Autorität, für öffentliches Wirken (Politiker, Erzieher) geeignet. Heiratet standesgemäß.

Abb. 74

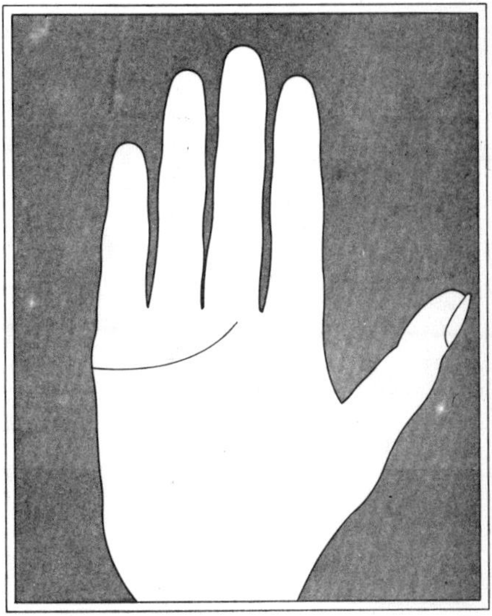

unterm Mittelfinger endend

Gefühlsmäßig gehemmt, zurückhaltend, distanziert. Partnerbindung ist nicht so wichtig. Setzt Menschen für seine Zwecke ein.

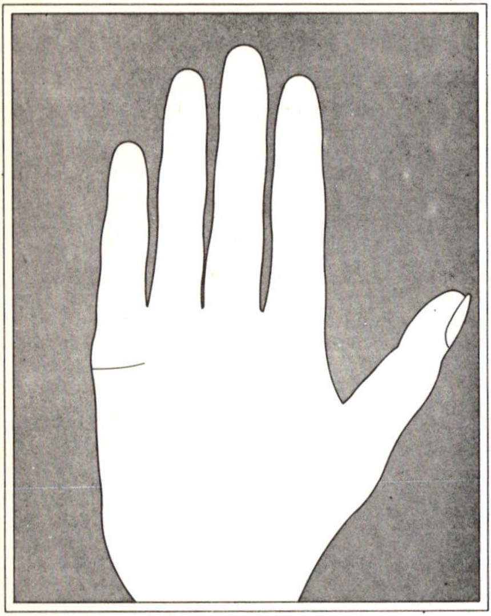

Abb. 75

kurz

Wenig Selbstbeobachtung und kaum Reflexion über höhere Dinge. Eher triebgebunden, gefühlsarm und nüchtern. Egoistisch, beeinflußbar, untreu, aber eifersüchtig.
Wenn sehr kurz oder fehlend: Steigerung der negativen Eigenschaften. Gefahr eines organischen Herzfehlers!

Affenfurche

Abb. 76

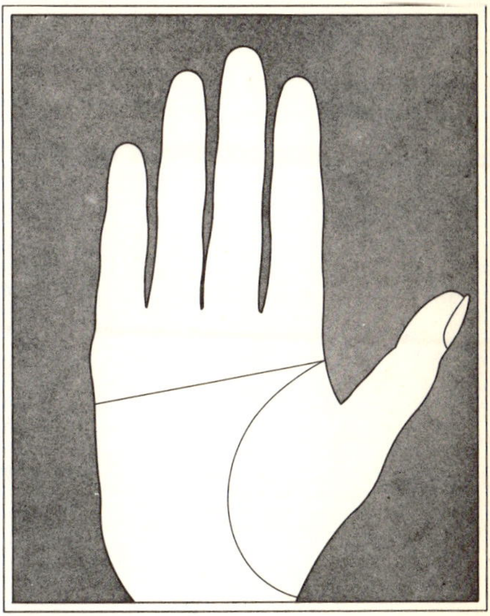

Kopf- und Herzlinie sind zu einer einzigen Linie verschmolzen, welche die ganze Hand sperrt

Widersprüchlicher, disharmonischer Charakter, der sich manchmal unbefriedigt, ausgestoßen und depressiv fühlt. Kann sich aufopfern, liebevoll und warmherzig sein, aber bei der kleinsten Enttäuschung plötzlich kalt, abweisend und rücksichtslos werden.

Kommt von negativen Gefühlserlebnissen schwer los. Kalte Überlegungen werden durch leidenschaftliche Gefühle unterbrochen. Unruhig. Einerseits unentschlossen, dann wieder spontanes Vorgehen. Neigt zu plötzlichen Eruptionen.

Die Disharmonie des Charakters ist äußerlich kaum sichtbar! Außerdem treffen diese Eigenschaften nur zu, wenn eine echte Affenfurche vorliegt, also keine weiteren Ansätze zu einer Herz- oder einer Kopflinie sichtbar sind.

Schicksalslinie

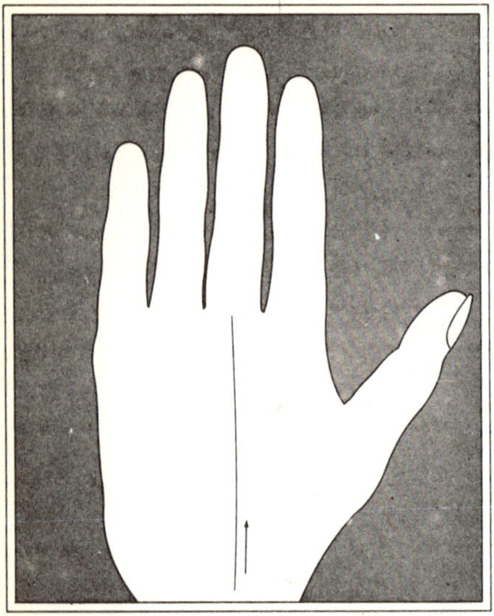

Abb. 77

Die Schicksalslinie verläuft von unten (Handwurzel, Innen- oder Außenberg) nach oben (meist zum Mittelfinger). Sie gibt Auskunft darüber, wie ihr Träger sein Schicksal gestaltet, also sein Lebensziel erreicht. Ist sie lang, ungebrochen und gerade, bedeutet sie für ihren Träger:
Zielbewußt, strebsam, fleißig. Ehrgeizig, bisweilen rücksichtslos, nach äußerem Erfolg strebend. Starker Wille, Ausdauer, Durchhaltevermögen, Organisationstalent. Oft erfolgreich im Beruf. Frühes Verständnis für die Anforderungen des Lebens.
Der Schnittpunkt mit der Kopflinie entspricht etwa einem Alter von zwanzig, der mit der Herzlinie ungefähr einem Alter von vierzig Jahren. Diese Zahlen sagen aber nichts über das tatsächlich erreichbare oder erreichte Lebensalter aus!

Abb. 78

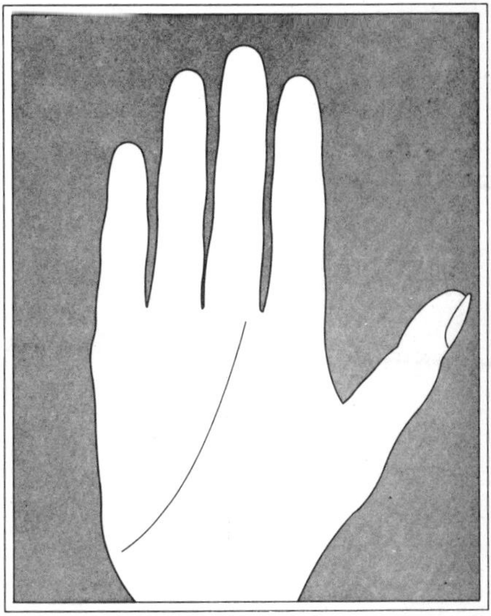

aus dem unteren
Außenberg kommend

Vielseitig veranlagt, aber von Stimmungen abhängig. Die Arbeitsleistung wird von Freude an der Arbeit und von günstiger Umgebung beeinflußt. Will das Ergebnis seiner Arbeit genießen. Ist schöpferisch, einfallsreich, intuitiv und oft ein Künstler, Schriftsteller oder Erfinder. Wechselt häufig den Beruf und geht Schwierigkeiten aus dem Wege.
Einfühlsam, diplomatisch, empfindlich, unbeständig, weiblich. Neigt zu Übertreibungen, zu Schön- oder Schwarzfärberei. Eher schwierig, sich und anderen ein Geheimnis.
Bei weitem Abstand von der Lebenslinie: Streben nach Unabhängigkeit und Selbständigkeit. Unbeeinflußt von familiären oder traditionellen Rücksichten. Eignet sich zum Vorgesetzten.

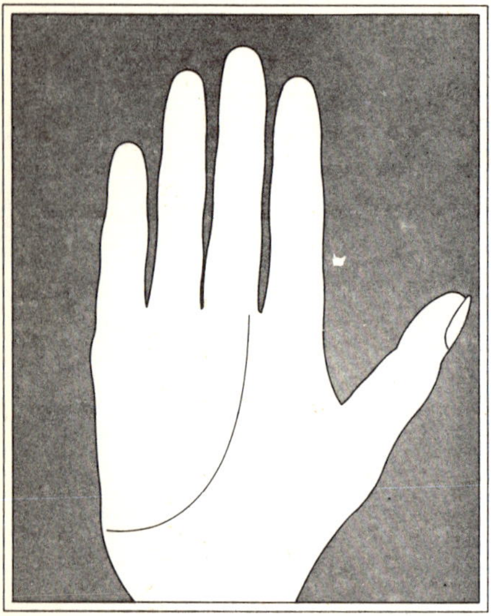

Abb. 79

waagrechter Beginn
im unteren
Außenberg

Instinktsicheres, unbewußtes Erreichen der Ziele. Übersinnliche Fähigkeiten. Gefahr, von Ahnungen, Fantasien oder Visionen überwältigt zu werden.
Hält sich nicht an Ratschläge oder Traditionen der Familie. Richtet sich sein Leben nach eigenen Vorstellungen ein.

Abb. 80

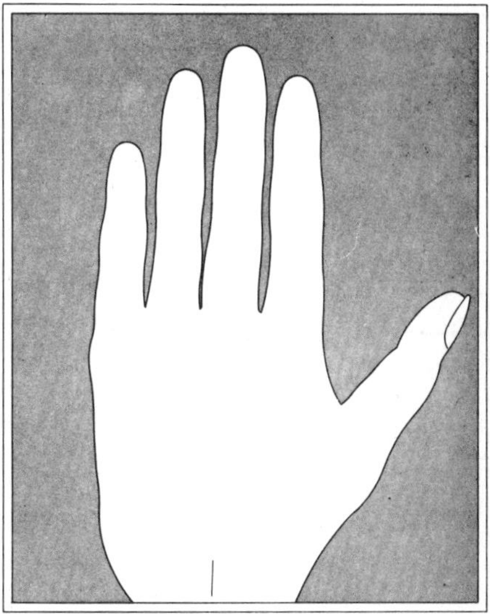

kurz oder fehlend

Haltlos, beeinflußbar, wenig eigener Wille. Nicht vorausschauend, für den Augenblick lebend. Hat Schwierigkeiten, ein geregeltes Leben zu führen. Unbeschwert, ohne große Pläne. Denkt freiwillig nicht über das Heute hinaus. Leichtlebig, oft auch oberflächlich.

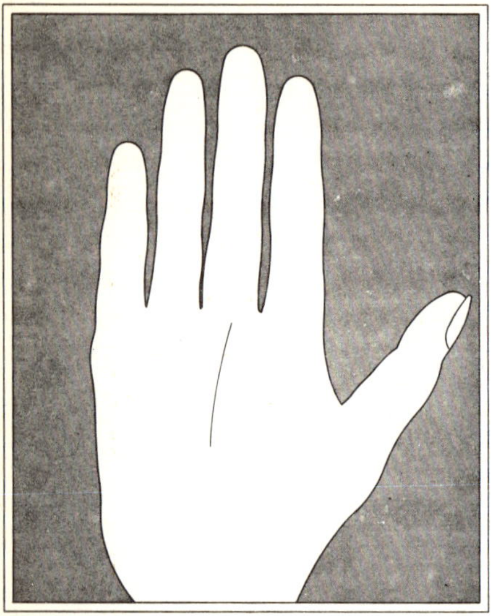

Abb. 81

in der Handmitte
beginnend

Kindheit und frühe Jugend sind nicht in der Erinnerung und werden meist verdrängt, da sie unglücklich oder leer waren. Aktive Gestaltung des eigenen Lebens nur zu der Zeit, da die Linie sichtbar ist!

Abb. 82

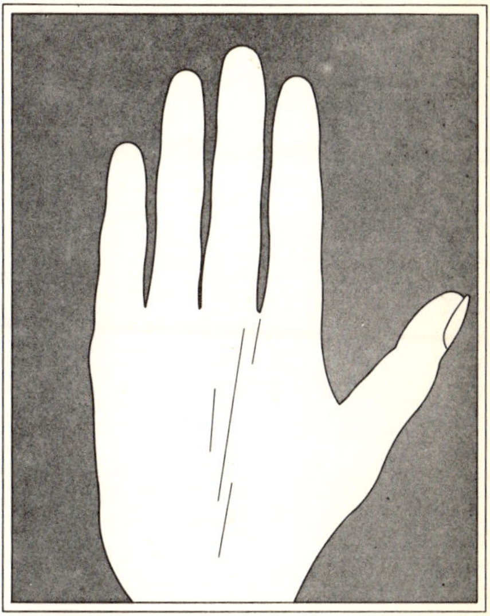

zwei oder mehr Schicksalslinien

Plötzliche Veränderungen im Leben, bei Männern eher im Beruf (Berufswechsel), bei Frauen eher privat (z. B. Heirat). An der Bruchstelle: Lösung vom Elternhaus. Starke private Interessen neben dem Beruf oder mehrere Berufe gleichzeitig. Nie gelangweilt, nie um einen Ausweg oder eine Ausrede verlegen. Innerlich unruhig und sprunghaft. Aufgeschlossen, geistig wach, vielseitig interessiert, für Neues empfänglich, anpassungsfähig, leicht verpflanzbar.
Laufen zwei oder mehr Linien eine Zeitlang parallel: Doppelwesen, Maske.

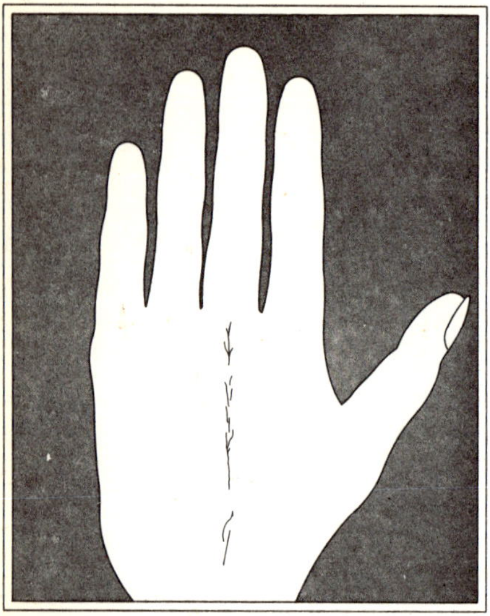

Abb. 83

unklar, verästelt, zerschnitten, bruchstückhaft, zerrissen

Vielseitig, aber oberflächlich. Überanstrengt sich leicht durch Überbeanspruchung der Kräfte. Fühlt sich häufig müde und krank, kehrt aber dennoch immer wieder zur Arbeit zurück. Gibt schon bei kleinen Schwierigkeiten sein Ziel auf. Kritisch gegenüber den eigenen Leistungen.

Abb. 84

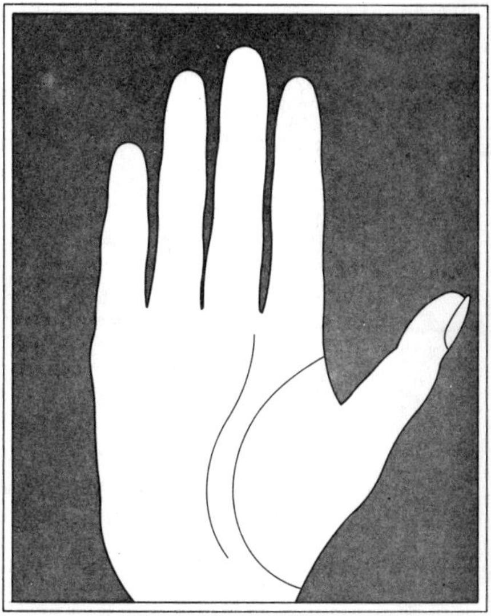

eine Zeitlang
parallel zur
Lebenslinie

Starke Bindung an die Familie. Spätentwickler. Ängstlich, wenn es darum geht, eigene, von der Familie nicht sanktionierte Entschlüsse zu fassen.

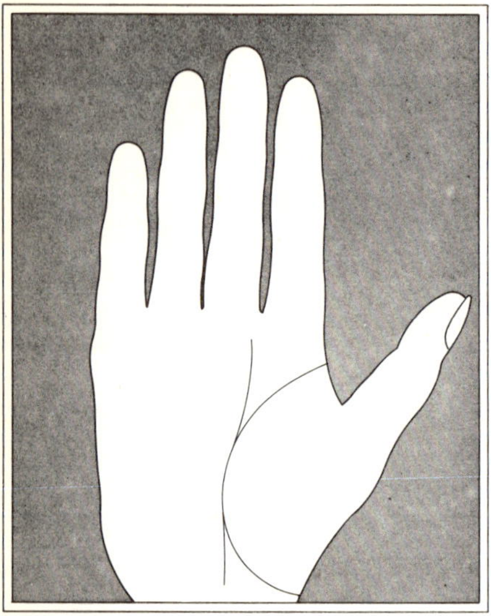

Abb. 85

teilweise mit der Lebenslinie verschmolzen

Durch familiäre Rücksichten und Traditionen in der persönlichen Entfaltung behindert. Sehr starke Familienbindung (häufig an die Mutter).
Falls der untere Zweig fehlt (die Schicksalslinie also direkt aus der Lebenslinie kommt): Stabiler Lebensweg, aber Anlehnungsbedürfnis und Abhängigkeitsgefühle. Starke Familienbindung, gehemmte Persönlichkeitsentwicklung.

Abb. 86

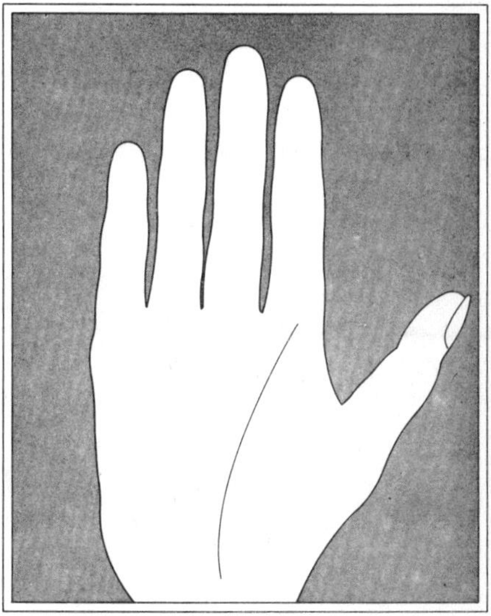

unter dem
Zeigefinger endend

Strebsam, ehrgeizig, eitel, autoritär. Übernimmt gerne Verantwortung. Will sich selbst verwirklichen und das Beste aus sich herausholen.

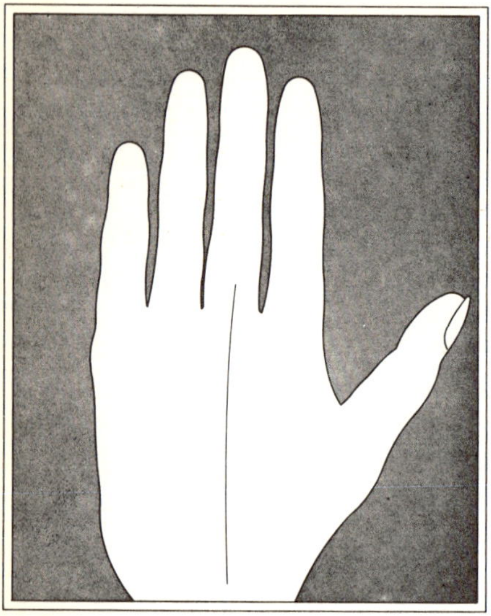

Abb. 87

bis in den
Mittelfinger laufend

Übersteigertes Pflichtgefühl. Verfolgt Ziele bis zur Erschöpfung. Selbstüberschätzung und damit Gefahr von Rückschlägen.

Bei Beginn aus der Handmitte (wie im Bild gezeichnet): Übernimmt Werte, Ideologien und Traditionen der Familie, ohne sich dessen bewußt zu sein (ACHTUNG: streitet dies ab!).

Kunstlinie

Abb. 88

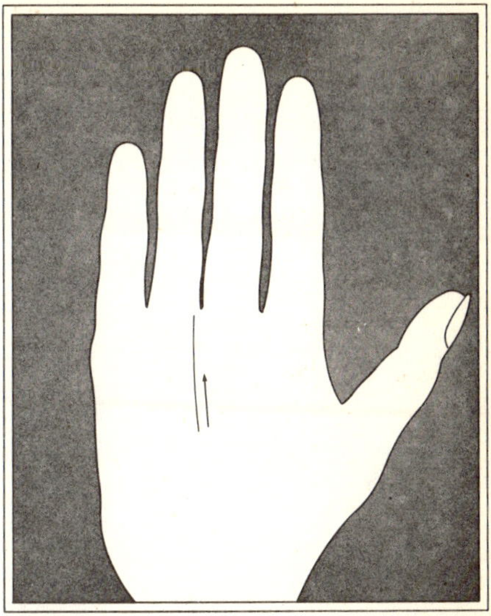

Die Kunstlinie endet im Ringfingerberg und zeigt die Empfindsamkeit eines Menschen für Schönheit, Kunst und Geschmack. Bei guter Ausprägung bedeutet diese Linie für ihren Träger:
Künstlerische Interessen, Sinn für Schönheit, Geschmack. Es kann sich auch um einen Lebenskünstler handeln, dann steht sie für Glück, Ansehen und Erfolg. Solche Menschen streben nach äußerer Anerkennung und sind eitel.
Die Art der künstlerischen Gestaltung hängt von Ursprung und Verlauf der Kunstlinie ab. ›Künstlerisch‹ kann in diesem Zusammenhang z. B. auch die Ausgestaltung des eigenen Heims bedeuten, die Kochkunst, das Blumenbinden, Nähen, oder die Gestaltung des eigenen Gartens.
Eine *fehlende* Kunstlinie deutet auf einen nüchternen, skeptischen und ernsten Menschen hin, der wenig künstlerisches Interesse zeigt.

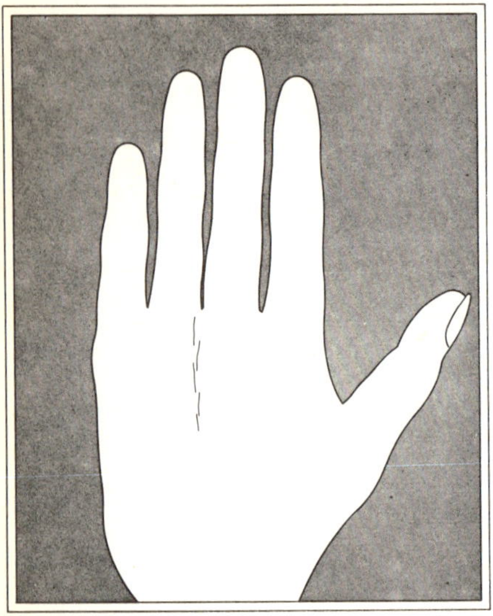

Abb. 89

zersplittert

Empfindsam, sensibel. Bei künstlerischem Schaffen: Fängt immer wieder Neues an, interessiert sich für andere Gebiete, wird aber nirgends besonders erfolgreich.

Abb. 90

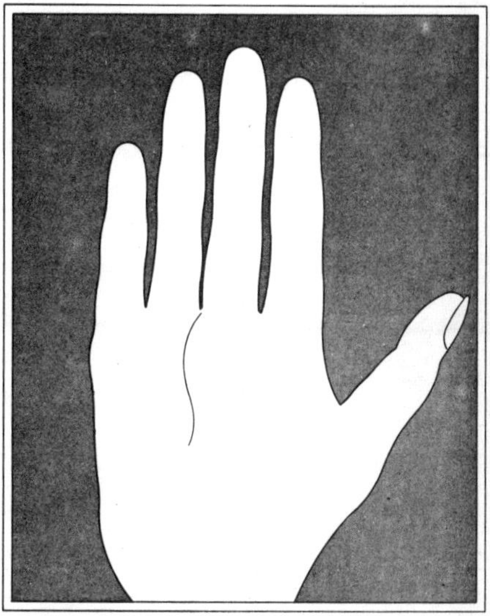

gewunden, wellig

Neigung zu Prahlerei, besonders auf dem Gebiet der Kunst oder des Geschmacks. Schmückt sich gern mit fremden Federn, besitzt die Fähigkeit zum ›Durchlavieren‹. Will seine künstlerischen Begabungen nicht durch systematisches Arbeiten fördern, möchte lieber, daß ihm alles in den Schoß fällt.

Abb. 91

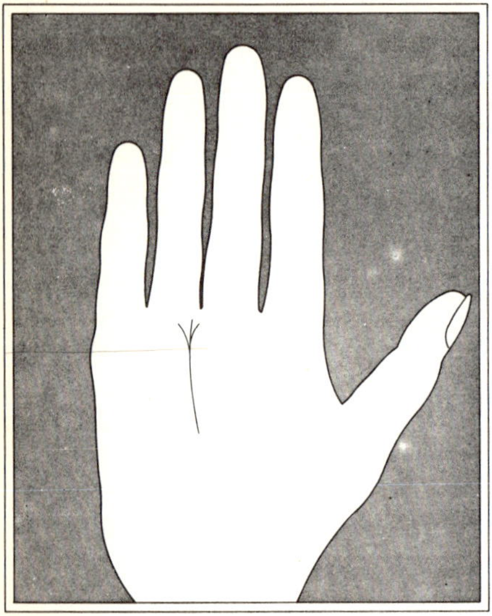

am Ende gegabelt

Vielseitig künstlerische Begabung, aber sprunghaft, liebt die Abwechslung. Gefahr der Zersplitterung.

Abb. 92

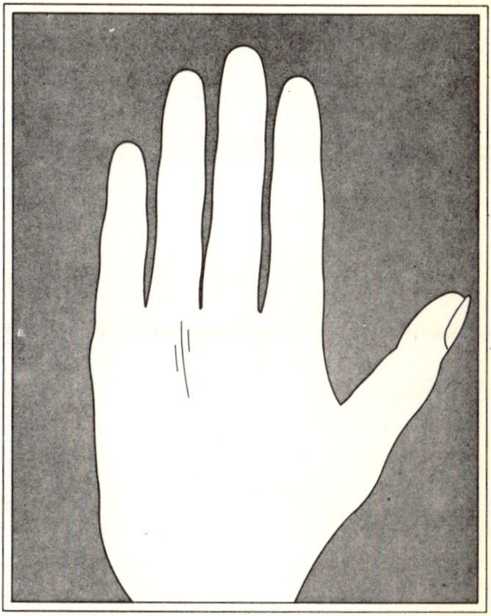

mehrere parallele
Kunstlinien
unter dem Ringfinger

Vielseitigkeit auf künstlerischem Gebiet. Ideenreichtum, aber Gefahr der Verzettelung. Lebenskünstler: flexibel, anpassungsfähig, verständnisvoll.

Bewegungslinie

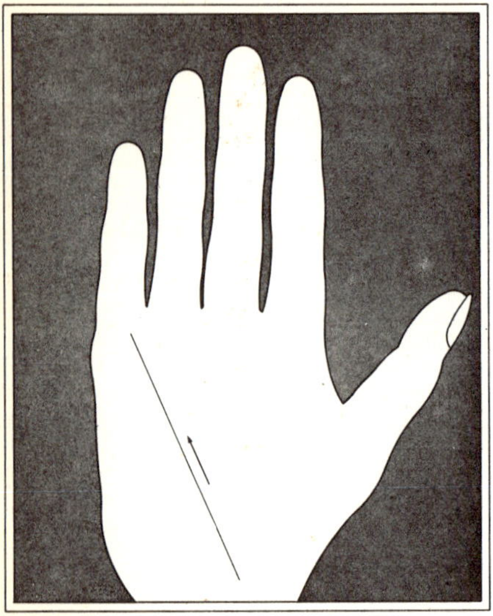

Abb. 93

Die Bewegungslinie endet im Kleinfingerberg. Sie bezieht sich auf die körperliche (im unteren Teil) und auf die geistige (im oberen Teil) Beweglichkeit und Gewandtheit. Bei guter Ausprägung bedeutet sie für ihren Träger:
Gute Äußerungsformen, Redegewandtheit, Sensibilität. Befähigung zu kaufmännischen, technisch-wissenschaftlichen, schriftstellerischen und schauspielerischen Berufen. Talent zu systematischem Vorgehen und zur Organisation. Geistige Vielseitigkeit, beweglicher Verstand. Aber auch: Neigung zu Nervosität. Sucht die Abwechslung und das bewegte Leben.
Fehlt die Bewegungslinie, so hat der betreffende Mensch gute Nerven und eine gute Gesundheit, ist aber wenig empfindsam und eher eckig, hart und derb.

Abb. 94

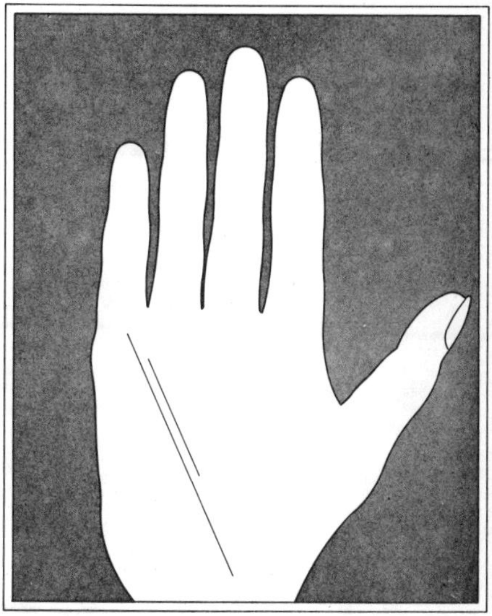

doppelt

Starke geistige Interessen und die Fähigkeit zu geistiger Anstrengung. Reiches theoretisches Wissen, selbständiges Urteil.

Abb. 95

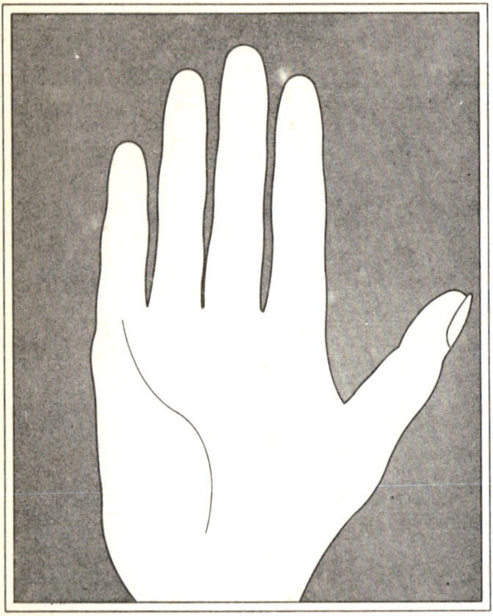

gewunden, wellig

Neigung zu Unaufrichtigkeit (»windet sich heraus«) und zu Berufswechsel. Unbeständigkeit.

Abb. 96

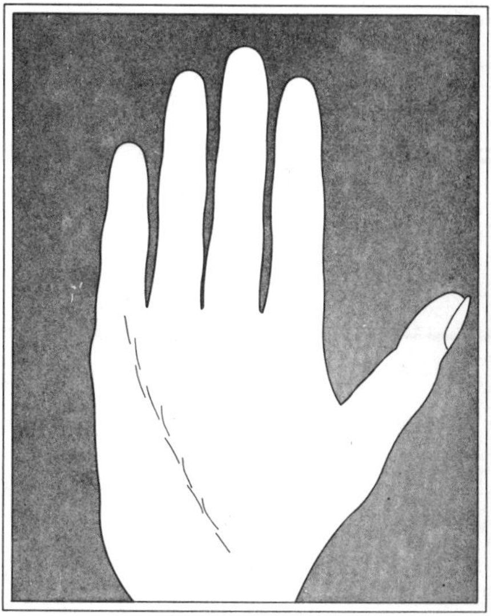

verästelt, verkettet, zerrissen. Mehrere Bewegungslinien

Schwache Gesundheit. Bei zarter Beschaffenheit der Linie und häufigen kleinen Verästelungen: anfällig für Lebererkrankungen.
Vielseitige Interessen, aber Gefahr der Zersplitterung. Mangel an Zielstrebigkeit. Wißbegierig, schwatzhaft, nervös.

Abb. 97

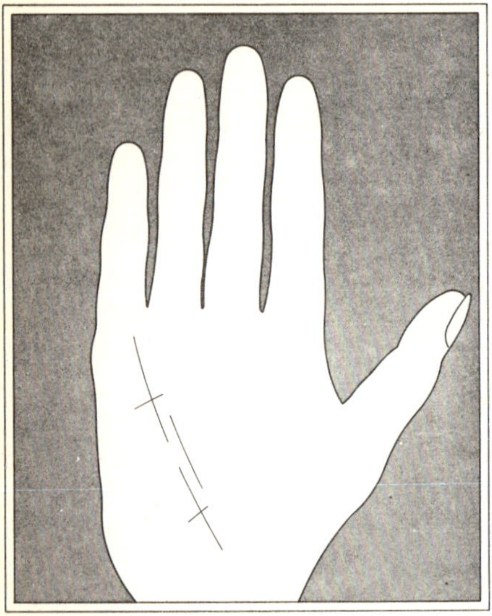

unterbrochen,
durchschnitten

Konzentrationsmangel. Nervös, fahrig, unausgeglichen, unzufrieden.

Abb. 98

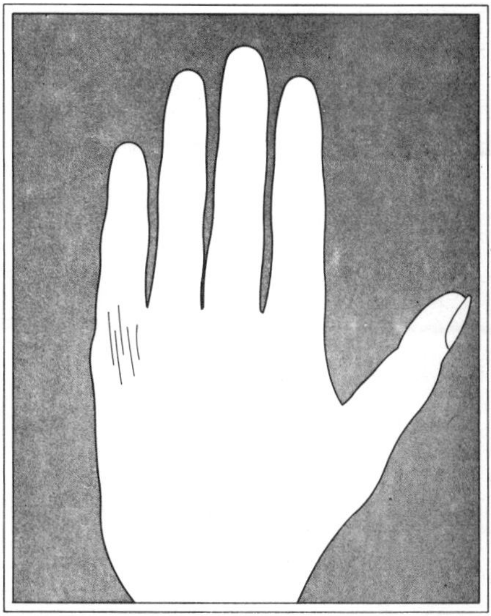

parallele Bewegungslinien unter dem kleinen Finger

Sprachlich begabt. Redefähigkeit, Klarheit im Ausdruck (wird durch langen kleinen Finger verstärkt).

Liebeslinien

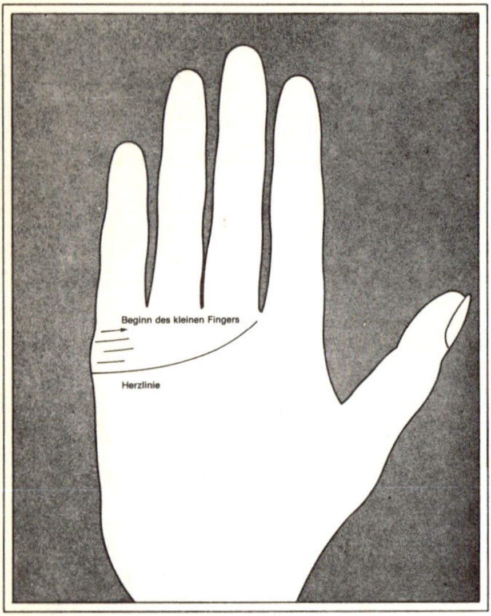

Abb. 99

Die Liebeslinien liegen am Handrand zwischen der Herzlinie und dem Beginn des kleinen Fingers.

Sie geben die Eigenart der Leidenschaft wieder, ihre Stärke, Nachhaltigkeit, Einfachheit und Harmonie. Sie sagen etwas über den Verlauf von Liebesbeziehungen und seelischen Bindungen an einen Partner, überhaupt über die Bindungsfähigkeit eines Menschen.

Fehlende Liebeslinien bedeuten: seelische Bindungslosigkeit, erotische Richtungslosigkeit. Die beruflichen Interessen sind oft größer als die privaten.

Abb. 100

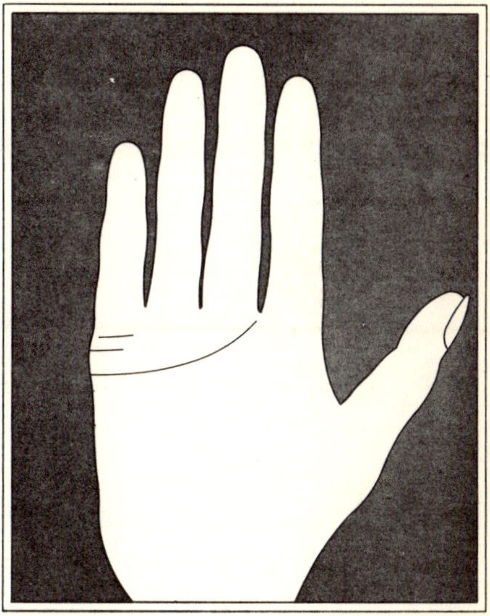

gerade, kräftig, undurchschnitten

Unkompliziertes, gerades Liebesempfinden. Mag keine Schwärmerei und kein Drumherum. Wünscht temperamentvollen Partner und betrachtet die Ehe als natürliche Erfüllung.

Wenn die Linien kurz und dick sind: heftig, leidenschaftlich, aber eher bindungslos. Mehr an körperlicher Liebe interessiert, aber nicht wählerisch und auch nicht unbedingt treu.

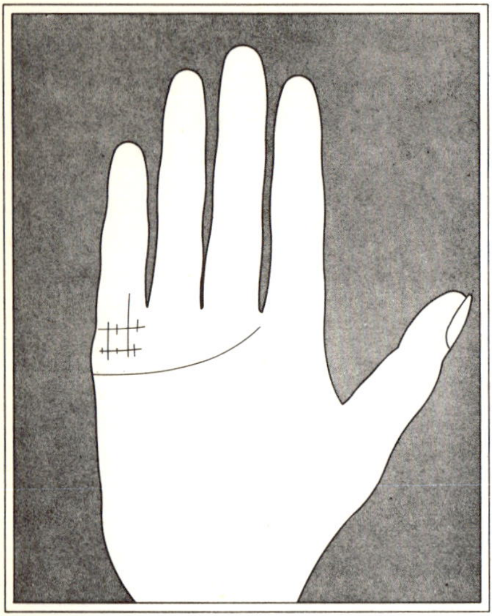

Abb. 101

häufig von senkrechten Linien durchschnitten

Belastungen und Enttäuschungen in der Partnerschaft. Kompliziertes Zusammenleben. Träger neigt zu Depressionen. Bei kräftigen, tiefen Linien sind zu bestimmten Zeiten in der Beziehung starke Krisen zu erwarten (besonders ausgeprägt bei langen Schnittlinien, die eventuell mehrere Liebeslinien durchschneiden oder sogar in den kleinen Finger hochreichen).

Abb. 102

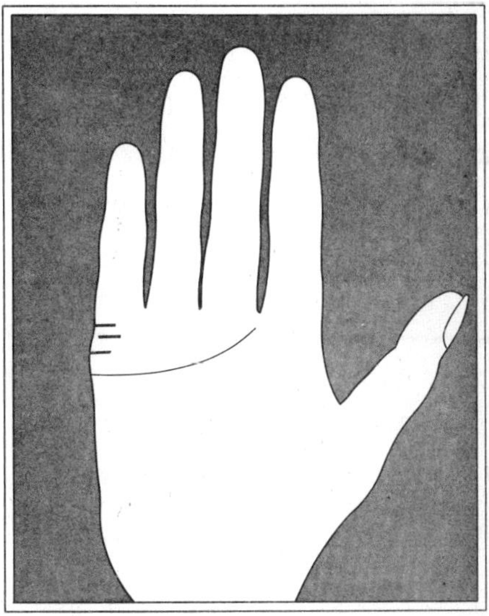

kräftiger als
die anderen Linien
und rot gefärbt

›Entflammte Liebe‹
In beiden Händen: Die Liebe findet Erfüllung.
Nur rechts: Sicherheit gegenüber dem Partner.
Nur links: Unsicherheit, ›heimliche Liebe‹.

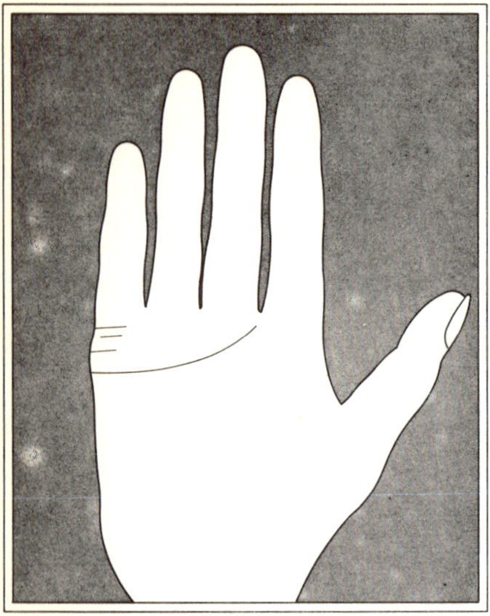

Abb. 103

blasser als die anderen Linien

Liebesprobleme liegen (derzeit) im Hintergrund. Keine Tiefe im erotischen Bereich. Wenn die Linien auch noch schwach ausgeprägt und dünn sind: schwach entwickeltes Triebleben. Verbindung wird schon bei kleinen Belastungen aufgegeben. Trotz schwacher Bindungsfähigkeit immer auf der Suche nach der ›Großen‹ Liebe.

Abb. 104

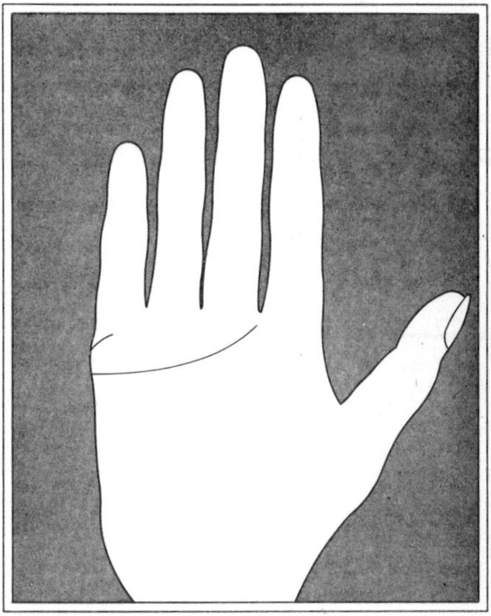

nach oben gebogen

Optimistische Einstellung in Liebesdingen. Kommt über Kummer rasch hinweg. (Sind mehrere Linien vorhanden, so gilt diese Aussage jeweils nur für die entsprechende Linie. Die anderen Linien können ganz anders beschaffen sein. Dies gilt analog auch für andere Merkmale.)

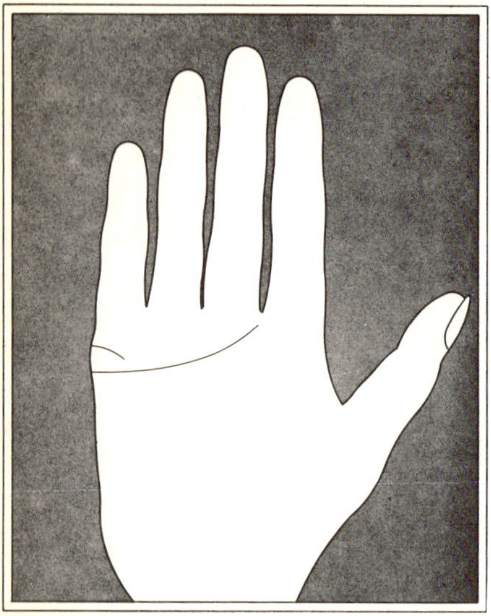

Abb. 105

nach unten
gebogen

Eher pessimistisch und ängstlich in der die Linie betreffenden Liebesbeziehung. Starke seelische Gebundenheit an den Partner (besonders tief, wenn die Liebeslinie die Herzlinie berührt). Innig und nachhaltig in der Liebe. Kann verlorene Liebe nur schwer überwinden.

Abb. 106

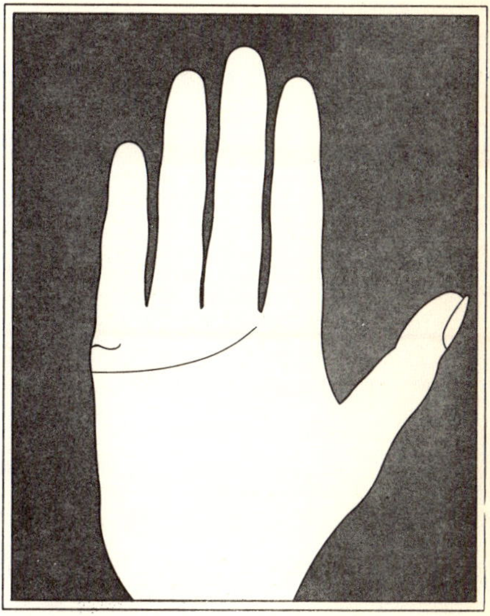

wellig

In der Liebe wechselvoll, sich nicht festlegend. Laviert sich durch Schwierigkeiten hindurch.

Abb. 107

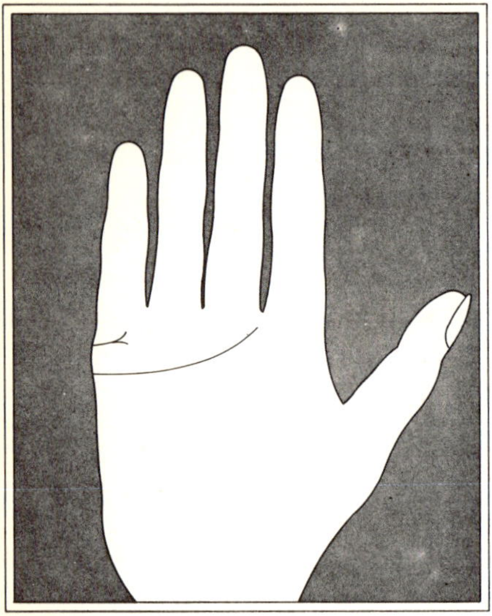

gegabelt

Innere Unsicherheit und Unzufriedenheit. Zwiespalt der Gefühle und plötzlicher Umschlag. Gefahr des Auseinanderlebens und der Trennung.
Gabelungen sind häufig Übergangsformen, bei denen sich ein Zweig im Verlauf der Zeit stärker ausprägt und der andere verschwindet. Welcher Zweig erhalten bleibt, kann man selbst beeinflussen!

Abb. 108

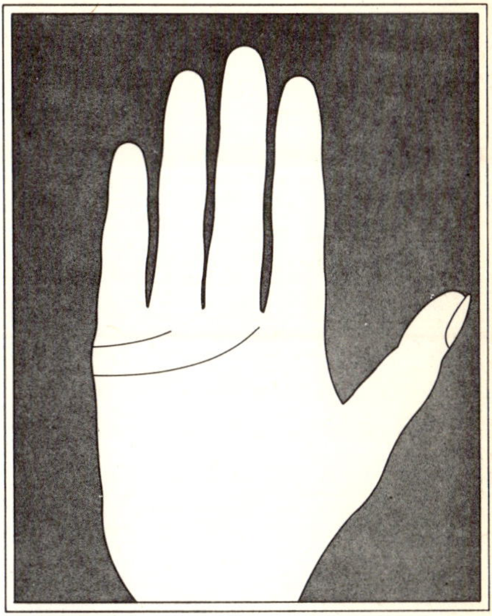

sehr lang,
bis zum Ringfinger

Sehr starke Bindung. Kann nicht ohne Partner leben. Neigt sehr zu Eifersucht, nimmt aber auch für den Partner viel auf sich. (Man beachte korrespondierende Aussagen aus der Herzlinie.)

Geschichte und Theorie der Handlesekunst

Die Kunst des Handlesens ist eine uralte Geistesdisziplin. Ihre Anfänge sind mit dem Beginn der menschlichen Zivilisation gleichzusetzen. Wir finden die Handlesekunst bei den alten Kulturen des Zweistromlandes ebenso wie bei den Indern und Chinesen: von den altamerikanischen Kulturen ist uns allerdings nichts Vergleichbares bekannt.

Die *Chinesen* führen ihre Tradition auf Bücher zurück, die im 2. Jahrhundert v. Chr. geschrieben wurden, betonen aber, daß die Erkenntnisse bereits mit Beginn der chinesischen Kultur entstanden. Ihr System unterscheidet sich sehr stark von unserem. So haben sie recht blumige Namen für die Linien: Die Kopflinie heißt dort ›Linie des Menschen‹, die Herzlinie ›Linie des Himmels‹, die Lebenslinie ›Linie der Erde‹, die Schicksalslinie ›Säule aus Jade‹ und die Bewegungslinie gar ›Heil dem Minister‹. Die Bezeichnungen für die Berge sind noch fantasievoller, aber das ist, wie Kipling sagen würde, eine andere Geschichte.

Die *Inder* entwickelten ein eigenes System, das aber stark von den Chinesen beeinflußt wurde. Ihre Erkenntnisse sind auch heute noch bei den *Zigeunern* lebendig, die ja bekanntlich aus dem indischen Raum stammen. Unser abendländischer chirologischer Erkenntnisschatz stammt, wie so vieles andere auch, von den alten *Griechen*, die ihr Wissen aber ihrerseits aus den mesopotamischen Kulturen erhielten, also aus *Babylonien*. Der griechische Philosoph *Anaxagoras* lehrte und praktizierte die Chirologie, und in hellenistisch-römischer Zeit war die Handlesekunst groß in Ansehen (und Mode). Da sie stets eng mit der Astrologie verknüpft war, erlitt sie auch deren Schicksal. Das aufkommende Christentum stand den heidnischen Ideen mißtrauisch und ablehnend gegenüber, da sie eine (mit Recht gefürchtete) Konkurrenz zur Lehre vom Einen Gott darstellten. Dennoch hielten sich Chirologie und Astrologie sehr lange. *Paracelsus* beschäftigte sich mit beiden, und eines der ersten gedruckten Bücher war »Die Kunst Ciromantia« (Augsburg 1475).

Mit dem Aufkommen der Naturwissenschaften gerieten Astrologie und Chirologie vollends in Verfall; beide wurden zu Jahrmarktsattraktionen und Zeitungsanhängseln degradiert. Der Handlesekunst ging es nicht ganz so schlecht wie ihrer unfreiwilligen himmlischen Schwester; immerhin konnte man sie psychologisch oder medizinisch rechtfertigen. Sie nahm einen Status ein, der irgendwo zwischen Geographie, Physiognomik und *Kretschmers* Typenlehre lag. In der Medizin wurde die sogenannte Vierfingerfurche (die wir als ›Affenfurche‹ kennengelernt haben) als Indiz für Mongolismus erkannt, aber das Kriterium war weder notwendig (jeder Mongolide besitzt eine Affenfurche) noch hinreichend (jede Affenfurche deutet auf Mongolismus hin).

Eine erste wissenschaftliche Darstellung der Handform und ihrer Beziehungen zu bestimmten Charaktereigenschaften gelang dem Arzt und Mitbegründer der Physiognomik (der Kunde von Deutung und Bedeutung der Gesichtszüge) *Carl Gustav Carus*. In seiner 1846 in Stuttgart gedruckten Schrift »Über Grund und Bedeutung der verschiedenen Formen der Hand in verschiedenen Personen« vermeidet er konsequent jeglichen astralen Bezug und leitet seine Erkenntnisse aus den Erkenntnissen der Medizin und der Evolutionstheorie ab.

Die eigentlichen Begründer des heute gültigen Systems der Handliniendeutung sind zwei Franzosen, *D'Arpentigny* (ein Kapitän) mit seinem Werk »Die Chiromantie. Die Wissenschaft von der Hand oder die Kunst, Tendenzen der Intelligenz aus den Handformen zu erkennen« (Paris 1856), und *Desbarolles* (ein Maler) mit seinem Werk »Die Geheimnisse der Hand. Enthüllungen und Erklärungen. Die Kunst, Leben, Charakter, Neigungen und das Schicksal durch alleinige Betrachtung der Hände zu ergründen« (Paris 1960). Beide Männer erreichten ihre Erkenntnisse durch jahrelange Erfahrung. Da ihnen eine naturwissenschaftliche Grundlage zur theoretischen Untermauerung fehlte, nahmen sie wiederum die Astrologie zu Hilfe, und daran leidet die Handlesekunst noch heute.

Erst in unserem Jahrhundert haben verantwortungsbewußte Schriftsteller versucht, von der Astrologie und ihrem negativen Image wegzukommen. *Ursula von Mangoldt* geht in ihren zahlreichen Publikationen von psychologisch-philosophischen Erfahrungen aus und betrachtet die Chirologie unter religionsphilosophischen Aspekten. *Hugo Steindamm* und *Elisabeth Ackermann* verzichten auf jegliche Begründung und betreiben ihre Forschung rein statistisch, indem sie aus Polizeiarchiven die Handlinien von Verbrechern sichten und daraus Gemeinsamkeiten extrahieren, die sie mit der Biographie des, wie man so schön sagt, ›Handeigners‹ in Beziehung setzen. — Eine theoretische Begründung aber steht noch immer aus. Statistische Beweise untermauern zwar die empirischen Grundlagen einer Wissenschaft, sie liefern aber keine Erklärung, wie die Psychologie (die sich sehr stark auf die Statistik stützt) zu ihrem Leidwesen erfahren mußte. Eine biologische Erklärung verspricht wenig Erfolg, zumal die Biologie selbst noch der Begründung ihrer wesentlichsten Prinzipien bedarf. Nun existiert im Bereich der Biologie und der Medizin ein seltsames Phänomen, das wir am besten als *Entsprechung* bezeichnen können. Betrachten wir dazu einige (anerkannte, noch nicht anerkannte, nicht mehr anerkannte) Geistesdisziplinen, die mit der Medizin oder der Psychologie eng verwandt sind.

In der *Irisdiagnostik* beispielsweise erkennt der kundige Arzt (nicht jeder Arzt ist dessen kundig) nach einer Inspektion der Regenbogenhaut des Auges den Zustand der inneren Organe, also auch Krankheiten. Es existiert eine Entsprechung zwischen dem Gesamtorganismus (dem menschlichen Körper) und einem winzigen Ausschnitt desselben (der Iris). Die Iris ist ein (wenn auch schwierig zu deutendes) *Abbild* des Gesamtorganismus. Es herrscht eine Art *Parallelismus;* Körper und Iris sind Parallelwelten (wir wählen diesen Ausdruck bewußt im Hinblick auf nachfolgende Erklärungen).

Die *Akupunktur* behauptet, daß bestimmte schmale Zonen der Hautoberfläche (sogenannte *Meridiane*) inneren Organen und Funktionen entsprechen. Beeinflußt man die Meridiane, beeinflußt man die zugeordneten Organe. Der Kausalzusammenhang ist hier umgekehrt wie bei der Irisdiagnostik: Im ersteren Fall konnten wir annehmen, daß ein krankes Organ Ursache für eine bestimmte Iriskonstellation darstellt; im letzteren Fall geht aber die Ursache von den Meridianen aus und die Wirkung auf die Organe.

Ebenfalls von den alten Chinesen stammt die (im Westen — noch — nicht) praktizierte *Pulsdiagnostik.* Hier wird auf Grund des etwa zwanzig Minuten lang gemessenen Pulsschlages eine Aussage über den körperlichen Zustand gemacht.

Eine ähnliche Erscheinung ist erfahrenen Masseuren bekannt. Inneren Organen entsprechen bestimmte *Regionen der Haut.* Durch Massage oder Wärmebehandlung der Haut kann (über das Gehirn) das betreffende innere Organ beeinflußt werden. (Jeder kennt das Phänomen: Bei Magenschmerzen hilft eine Wärmeflasche auf dem Bauch. Dabei dringt die Wärme nicht etwa direkt bis zum Magen durch, sondern sie beeinflußt die Hautnerven, die eine Botschaft ans Zentralorgan senden, von wo aus entsprechende Impulse an das zugeordnete Organ — hier der Magen — gegeben werden.)

Einen Schritt weiter geht die *Reflexzonentherapie*. Sie hat erkannt, daß alle menschlichen Organe in der *Fußsohle* abgebildet sind. Durch entsprechende Behandlung (meist Massage) kann ein positiver (oder negativer) Einfluß ausgeübt werden.

Im Bereich der Psychologie entstand die *Physiognomie* (Physiognomik, Phrenologie, Kraniologie und ähnliches). Sie behauptet einen Zusammenhang zwischen Kopf- oder Gesichtsform und Charakter. (Leider wurden diese Geistesdisziplinen in der Nazizeit so mißbraucht, daß sie heute völlig in Mißkredit geraten sind. Das sagt nichts über ihren wissenschaftlichen Gehalt, denn Biologie und Medizin wurden damals ebenfalls auf schreckliche Weise mißbraucht.)

Wenn wir die *Schrift* des Menschen als Extension seines Körpers betrachten (sozusagen als Auswuchs seiner Hand), dann zählt auch die *Graphologie* zu diesen Entsprechungs- oder Ausdruckswissenschaften.

Zuletzt erwähnen wir — mit einigem Zögern — eine als finsterer Aberglaube verschrieene Geistesdisziplin, an der vielleicht doch mehr dran ist, als die Gelehrten (und Illustrierten) annehmen. Wir meinen die *Astrologie*, die eine Entsprechung zwischen dem Lauf der Gestirne und dem menschlichen Schicksal behauptet. Vielleicht gelingt es eines Tages, diese Zusammenhänge aufzuklären (wie es heute schon teilweise — z. B. beim Einfluß des Mondes — der Fall ist), und wir haben eine weitere Ausdruckskunde mit ungeahnten Möglichkeiten der Diagnose und Prognose.

Die *Chirologie* schließlich nimmt eine Entsprechung zwischen Handlinien und Charaktereigenschaften an. Sie betrachtet die Linien als Ausdruck des Inneren, als Abbild, als Parallelwelt —

Menschlicher Bereich	Entsprechung	Kausalzusammenhang	Name
Körper	Iris	→	Irisdiagnostik
Körper	Meridiane	⇄	Akupunktur
Körper	Pulsschlag	→	Pulsdiagnostik
Körper	Hautzonen	⇄	Massagetechniken
Körper	Reflexzonen	⇆	Reflexzonentherapie
Seele, Geist	Gesichtszüge Schädelform	→ →	Physiognomie Phrenologie
Seele, Geist	Handschrift	→	Graphologie
Körper, Seele, Geist	Lauf der Gestirne	←	Astrologie, Kosmobiologie, Rhythmenlehre
Körper, Seele, Geist	Handlinien Handformen Fingerformen	→	Chirologie

Abb. 109: Liste der Ausdrucks- oder Entsprechungswissenschaften

In der Spalte »Menschlicher Bereich« wurde der Einfachheit halber die klassische Dreiteilung in Körper, Seele und Geist vorgenommen. Der Kausalzusammenhang sagt aus, in welcher Richtung eine kausale Beeinflussung möglich oder denkbar ist.

genauso wie all die anderen Entsprechungswissenschaften. Einige dieser Disziplinen sind heute Bestandteil der Schulmedizin (z. B. Hautzonenentsprechungen und — seit kurzem und erst teilweise — Akupunktur), einige werden standgemäß bei der Ausbildung zum (staatlich anerkannten) Heilpraktiker angeboten (z. B. Irisdiagnostik, Akupunktur, Reflexzonenmassage), von einigen kann man annehmen, daß sie in Zukunft fester Bestandteil des medizinischen Wissens werden (z. B. Pulsdiagnostik, wenn unsere Beziehungen zur Volksrepublik China weiterhin so gut gedeihen). Einige standen früher in höherem Ansehen als heute (z. B. die Graphologie), und einige sind noch ganz verfemt, z. B. die Chirologie und die Astrologie. Das kann sich in Zukunft sehr schnell ändern, denn unser von kausalem Denken geprägtes Weltbild ist derzeit einem unmerklichen Wandel unterworfen, und dieser Wandel nimmt seltsamerweise von der Wissenschaft ihren Ausgang, der uns das kausale Denken erst gebracht hat, nämlich von der *Physik*.

Die moderne Physik ist auf einige seltsame Phänomene gestoßen, bei denen die klassische *kausale* Beschreibungsweise versagt und eine nicht-kausale Betrachtungsweise (der Schweizer Psychologe *C. G. Jung* nannte sie *synchronistisch*, d. h. *gleichzeitig*) angemesen erscheint. Ein derartiges Phänomen ist der sogenannte *Gravitationskollaps*, der zu den berühmten *Schwarzen Löchern* führt. Bei Untersuchungen der zugrundeliegenden mathematischen Gleichungen (sie entstammen übrigens *Einsteins* Allgemeiner Relativitätstheorie) stieß man auf ein Phänomen, das man am besten als *Parallelweltphänomen* bezeichnen kann. Rein mathematisch existieren zwei gleiche Welten ohne jedweden Kausalzusammenhang, in denen dennoch zu gleicher Zeit am gleichen Ort das gleiche geschieht. Eine Interpretation (in vielen Fällen gleichbedeutend mit einer anschaulichen Darstellung oder Erklärung) steht noch völlig aus, darum wird über dieses Phänomen auch wenig berichtet.

Unser Denken ist — vorläufig! — zu solchen Gedankengängen noch nicht fähig. Erst ein langwieriger und mühsamer Umdenk- und Umerziehungsprozeß wird uns diese synchronistische Denkweise vertraut machen. Den alten Völkern mit ihrem magischen Denken war sie selbstverständlich; für sie war das Kausalitätsprinzip etwas Unbegreifliches.

Wir dürfen nun aber auf keinen Fall in den Fehler verfallen

und einfach behaupten, alles sei synchronistisch-symbolisch erklärbar. Solange wir dem kausalen Denken verhaftet sind, sind wir auch verpflichtet, kausale Zusammenhänge aufzuspüren und die Chirologie (und verwandte Geistesdisziplinen) auf anerkannte naturwissenschaftliche Grundprinzipien zurückzuführen. Die soeben skizzierten Gedankengänge (die in dieser Art neu sind) verweisen nur auf eine mögliche Erklärung in einer Zukunft, in der ein anderes Weltbild vorherrschen wird.

Bis dahin muß die Chirologie eine Erfahrungswissenschaft bleiben, deren Tatsachen nach möglichst wissenschaftlichen Verfahren (z. B. durch statistische Untersuchungen) erhärtet werden sollten. Es gibt andere Wissenschaften, die ebenfalls reine Erfahrungswissenschaften sind: die Geschichtswissenschaften, die Soziologie und die Zukunftsforschung, aber auch (zumindest teilweise) die Geologie, die Geographie, die Meteorologie, die Biologie. Letztere stützt sich in ihren Erklärungsversuchen auf andere, ältere und besser fundierte Wissenschaften (Physik und Chemie). Ein solcher Reduktionsprozeß steht bei der Chirologie noch aus. Deswegen kann man sie trotzdem betreiben — und sei es nur zum Zwecke, mit anderen Menschen ins Gespräch zu kommen und ihnen (und sich selbst) bei der Bewältigung menschlicher Probleme zu helfen.

Beispiele und Aufgaben

BEISPIEL 1: *Familie G.*

Familie G. hat zwei Kinder, einen Knaben – nennen wir ihn Abel – und ein Mädchen – nennen wir es Berta. Um dem noch ungeübten Leser die Deutung zu vereinfachen, haben wir die Handabdrücke abgezeichnet und etwas vereinfacht. Außerdem haben wir jeweils nur eine Hand abgebildet (die rechte), ebenfalls aus Gründen der Vereinfachung und außerdem, weil sich in allen vier Fällen die linke von der rechten Hand nur wenig unterscheidet.
Beginnen wir mit Herrn G. (Abb. 110). Als erstes bemerken wir eine lange Verbindung zwischen Kopf- und Lebenslinie (etwa ein Fingerbreit). Das deutet auf einen sensiblen, vorsichtigen Menschen. Herz- und Kopflinie kommen einander sehr nahe, was den Eindruck der Vorsicht noch verstärkt. Herr G. wird immer versuchen, sich hundertfach abzusichern und nichts zu sagen, was ihm irgendwie schaden könnte. Als Lehrer kommt ihm dies zugute.
Die Kopflinie ist eher kurz und versickert in den Papillaren. Herr G. wird viele ungewöhnliche, absurde und für gewöhnliche Menschen eher verwirrende Einfälle haben. Tatsächlich spielt G. gern den Kaspar, indem er sich verkleidet oder am Telefon mit »Städtisches Leichenhaus« meldet.
Die Herzlinie ist ziemlich kurz und eher gerade, was auf gefühlsmäßige Distanziertheit und Kühlheit schließen läßt; seine Bindung an einen Partner wird ihm jedenfalls nicht so wichtig sein wie sein berufliches Weiterkommen oder seine materielle (sprich: finanzielle) Absicherung.
Seine Schicksalslinie beginnt irgendwo in der Handmitte, was

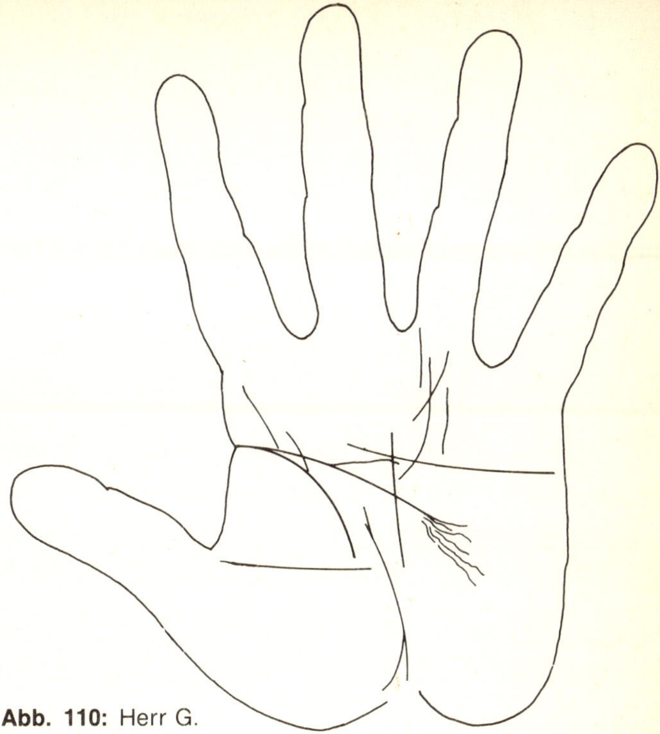

Abb. 110: Herr G.

auf eine ungünstige Ausgangslage für seine berufliche Karriere hindeutet. Irgendwie fehlt ihm die Verwurzelung seiner beruflichen Unternehmungen in Familientradition, eigenen Interessen oder Idealvorstellungen. Kurz nach den Vierzigern hört sie außerdem auf.

Seine Lebenslinie endet (übrigens in beiden Händen) vor der Lebensmitte, wenngleich ein zweiter Teil bereits vorher beginnt, so daß die Vitalenergien nur zum geringen Teil verlorengehen. (Herr G.erlitt in seinem Leben zahlreiche Unfälle mit Kopfverletzungen.) Zudem beginnt die Lebenslinie nicht

etwa an der Kopflinie, sondern im Zeigefingerberg, was auf eine außerordentliche Verletzbarkeit schließen läßt. Wenn man seine Würde antastet (was seine Frau übrigens häufig tat), ist er tief gekränkt. Ein Zweig von der Kopflinie zur Herzlinie bestätigt übrigens noch einmal das berechnende und egozentrische Wesen, deutet aber auch auf eine Neigung zu Schwermut.
Daneben besitzt Herr G. eine sehr gut entwickelte (wenn auch etwas krumme) Kunstlinie, die ihn (zusammen mit seiner schöpferischen Fantasie) zu künstlerischer Tätigkeit prädestinieren sollte. Tatsächlich spielt Herr G. exzellent Klavier, ohne aus dieser Fähigkeit mehr als eine sporadische Freizeitgestaltung gemacht zu haben.
Fazit: Herr G. ist voll skurriler Einfälle, schöpferisch, aber sehr berechnend, sich absichernd und kühl. Außerdem ist er sensibel und verletzbar.

Frau G. (Abb. 111) bietet als auffälligstes Merkmal einen ungewöhnlich großen Abstand zwischen Kopf- und Lebenslinie. Das bedeutet: Optimismus, Impulsivität und Charme, aber auch eine gewisse geistige Rechthaberei, Kritiksucht und Intoleranz. Außerdem ist Frau G. nicht sehr sensibel, was in Zusammenhang mit einer deutlich sichtbaren Hemmungslinie darauf hindeutet, daß sie in bezug auf sexuelle Erlebnisse eine, sagen wir mal, ›kräftigere Kost‹ benötigt.
Ihre Kopflinie ist sehr lang und gut ausgebildet. Sie ist gerade, ununterbrochen und sehr klar. Entsprechendes kann man von ihrem Denken aussagen: Es besitzt logische Konsequenz und Sinn für Einzelheiten, aber es ist auch ein wenig starr, dickköpfig und unflexibel. In Verbindung mit dem weiten Abstand zur Lebenslinie besteht die Gefahr, daß Frau G. auf geistige Modeströmungen hereinfällt und diese mit Vehemenz verteidigt.
Die Herzlinie ist normal ausgeprägt, aber zu Beginn stark

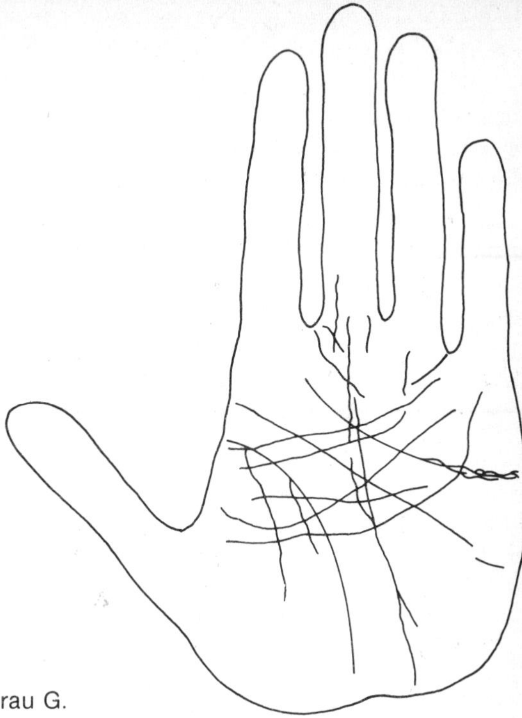

Abb. 111: Frau G.

verästelt. Zudem bildet sie eine lange Insel, die man beinahe schon als Doppellinie deuten kann. Das bedeutet, daß Frau G. zu Beginn ihres Lebens (bis etwa zur Lebensmitte) viel ›Herzweh‹ erdulden muß, daß sie aber auf Grund ihrer seelischen und geistigen Konstitution auch imstande ist, ihre gefühlsmäßigen Probleme zu ertragen und unbeschadet durchzustehen.

Oberhalb der Herzlinie sehen wir zwei Äste, die in die Fingerbeuge streben. Es sieht so aus, als wäre sich Frau G.

unbewußt ihrer Bindungslosigkeit bewußt geworden (wenn solch ein semantischer Widerspruch überhaupt möglich ist), woraufhin sie versuchte, diese Partnerbindung durch ›Anstückelung‹ nachträglich einzubauen. (Frau G. übte keinen Beruf aus, sondern war Hausfrau und Mutter.)
Die Lebenslinie ist gut geformt und sehr harmonisch, was auf eine gewisse Lebensqualität hindeutet, aber der ›Lebensraum‹ (der Daumenballen) ist etwas eng und läßt auf Kleinlichkeit in Lebensdingen und egozentrische Orientierung schließen. Außerdem ist damit ein Sichtreibenlassen verbunden, eine bestimmte Richtungslosigkeit, auch in bezug auf die kulturelle Ausgestaltung der Umwelt und des Lebens. Tatsächlich hat Frau G. auch nach ihrer Scheidung nichts getan, ihrem Leben eine gewisse Form oder ein Ziel zu geben.
Ihre Schicksalslinie verläuft (in Stücken zwar, aber doch deutlich erkennbar) vom unteren Außenberg bis weit in den Mittelfingerberg hinein. Das bedeutet: Frau G. ist vielseitig veranlagt, aber in ihrer Arbeitsleistung stark von Stimmungen abhängig. Sie ist einfallsreich, fantasievoll und künstlerisch, geht aber Schwierigkeiten aus dem Weg. Dennoch strebt sie nach Anerkennung und Erfolg, was ihr aber durch ihre Unbeständigkeit meist versagt bleibt. Ihre Vielseitigkeit wird noch durch die vielen Unterbrechungen der Schicksalslinie unterstrichen.

Vom oberen Daumenberg gehen viele Linien nach außen und überqueren die Hand. Das deutet auf großes Interesse an anderen Menschen hin (was noch durch die lange Kopflinie betont wird) und auf ebenso große Hilfsbereitschaft. Frau G. kümmert sich um andere und ist auch bereit, ihnen zu helfen. Der untere Teil des Daumenbergs dagegen (das Triebleben symbolisierend) ist leer; auf dem Gebiet ist also nicht viel los.
Fazit: Eine charmante, stets jugendlich wirkende, aber

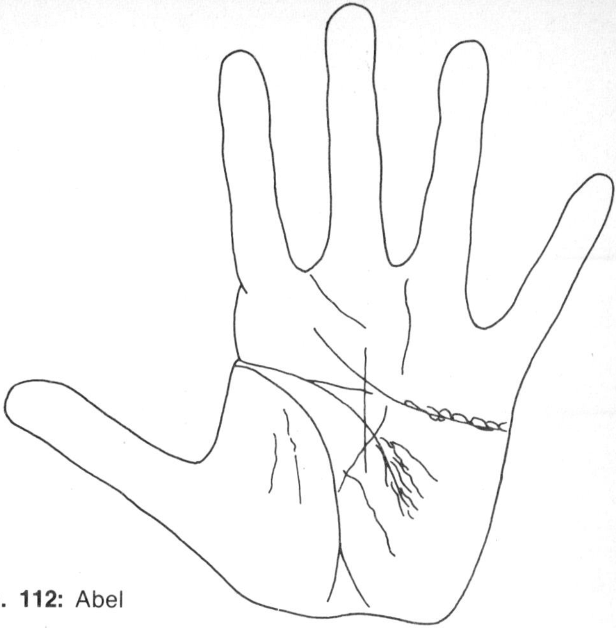

Abb. 112: Abel

etwas eigensinnige und nörglerisch veranlagte Dame, vielseitig, künstlerisch, hilfsbereit, aber egozentrisch, unbeständig und sich treiben lassend. Durch ihre Insensibilität ein etwas schwieriger Partner.

In unserem Kurzlehrgang stellten wir fest, daß Menschen mit den Merkmalen »Verbindung zwischen Kopf- und Lebenslinie« und »Abstand zwischen Kopf- und Lebenslinie« nicht zusammenpassen. So auch hier; wie bereits angedeutet, wurde die Ehe nach etwa zehnjähriger Dauer geschieden (zerrüttet war sie aber schon viel früher).
Betrachten wir nun die *Vererbung* der Handlinien (Abb. 112 und 113).

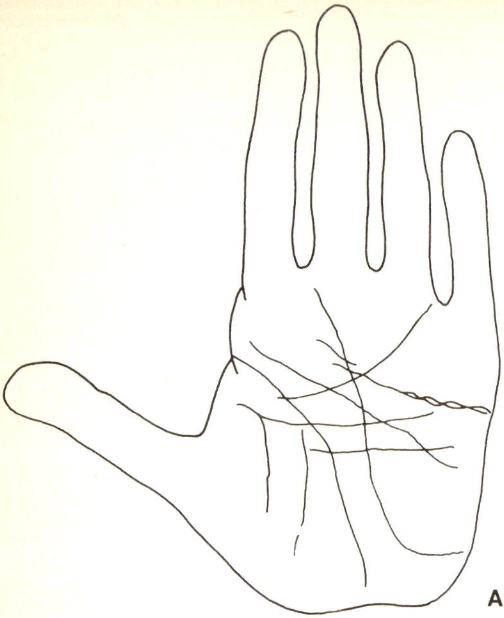

Abb. 113: Berta

Es sieht so aus, als hätte sich das Merkmal »Abstand zwischen Kopf- und Lebenslinie« dominant vererbt, da es bei beiden Kindern (wenn auch in unterschiedlicher Stärke) wieder auftritt. Abel hat die Kopflinie von seinem Vater und die Herzlinie von seiner Mutter geerbt; bei Berta ist es genau umgekehrt. Bei Berta hat sich die Schicksalslinie der Mutter vererbt, bei Abel ist es die Konstitution des Venusberges. Die Kunstlinie Abels schließlich stammt vom Vater.
Ein interessantes Beispiel für die Vererbbarkeit von Handlinien und damit von Charaktereigenschaften! Ja, sogar die Handhaltung (die Stellung der Finger) wurde auf die Kinder übertragen, von der Mutter auf die Tochter, vom Vater auf den Sohn.

BEISPIEL 2: *Ein bedeutender Mann*

Während wir im Beispiel 1 ›normale‹ Menschen zeigten, bietet uns die Hand der Abb. 114 ein eher ungewöhnliches Bild.

Abb. 114

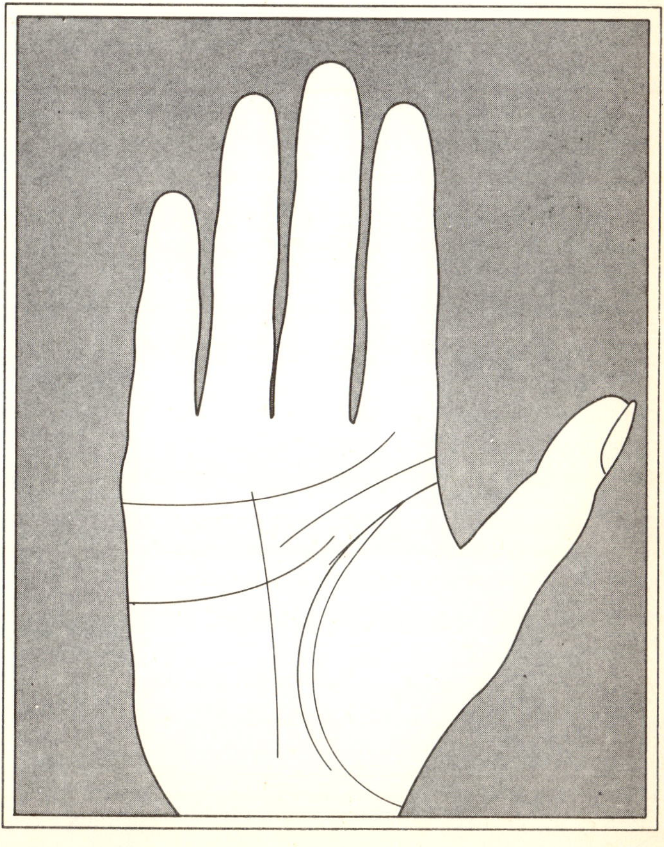

Sie gehört auch einem ungewöhnlichen Menschen, einem bedeutenden Politiker der deutschen Nachkriegsgeschichte.

Als erstes fällt die doppelte Lebenslinie auf. Das verleiht ihrem Träger eine ungewöhnliche Vitalität, ein außerordentliches Durchhaltevermögen in schwierigen Situationen, ein Nicht-Aufgeben, auch dann, wenn die Lage hoffnungslos erscheint.

Als nächstes bemerkt man die recht sonderbare Form der Kopflinie. Eigentlich muß man von drei Kopflinien sprechen. Die oberste ist kräftig ausgeprägt, aber nicht sehr lang. Die nächste (darunter) ist sehr lang mit den Lebenslinien verbunden, hört aber schon unter dem Mittelfinger auf. Und die dritte, als Fortsetzung der zweiten, ist nach oben gebogen.

Beginnen wir mit der Deutung. Zweimal kurze Kopflinie: beschränkter, enger Verstand, gestörte Beziehung zur Umwelt, Kontaktschwierigkeiten, versponnen, isoliert. In mehreren Teilen: Seltsames, sprunghaftes Denken, einerseits logisch und konsequent, andrerseits fahrig und unkonzentriert. Man wird nicht klug aus ihm. Aber: Sein Verstand ist sehr stark belastbar. Die Kombination mit der doppelten Lebenslinie weist auf einen außerordentlich zähen Verhandlungspartner, der stundenlang mit derselben geistigen Disziplin irgendwelchen Diskussionen folgen und sie beeinflussen kann. Die lange Verbindung mit der Lebenslinie zeigt: Ihr Träger ist unsicher, zaghaft, schüchtern, egoistisch und verschlossen (schon wieder!) sowie ein Spätentwickler.

Andrerseits besteht ein großer Abstand zur Lebenslinie (nämlich bei Kopflinie Nr. 1), so daß diese Person durchaus zu impulsiven, kühnen Handlungen fähig ist. Am Ende nach oben gebogen bedeutet: auf den Lebenskampf ausgerichtet und dabei berechnend, kühl und rücksichtslos. Der Abstand zur Herzlinie ist einerseits sehr klein (Kopflinie Nr. 1), andrerseits recht groß (Kopflinien Nr. 2 und 3). Also auch hier ein

zwiespältiges Wesen; auf der einen Seite Mißtrauen, Intoleranz und Absicherung, auf der anderen Seite Großmut und Vertrauen in die Dinge und Menschen.
Die Schicksalslinie verläuft gerade und direkt in den Ringfingerbereich. Das heißt: künstlerische Interessen und eine frische, heitere, natürliche gesellschaftliche Begabung, was obigen Aussagen völlig widerspricht. Daß er die Dinge von der leichten Seite nimmt, kann schon eher zutreffen. Die Herzlinie mündet direkt im Zeigefingerberg: Ehrgeiz, Streben nach Macht, kühle Distanz zur Umwelt (Kontaktschwierigkeiten!) und eine natürliche Autorität.
Das Fazit fällt uns etwas schwer. Zweifellos liegt eine recht widersprüchliche und der Umwelt irgendwie geheimnisvolle (vielleicht auch unheimliche?) Persönlichkeit vor. Wie ein Mensch derartige Widersprüche in sich vereinigt, hängt wesentlich von seiner Gesamtpersönlichkeit und seiner Widerstandsfähigkeit ab. Auf Grund der doppelten Lebenslinie, der gut entwickelten Schicksalslinie und der dreifachen Kopflinie können wir annehmen, daß gerade dieser Mensch seine Widersprüche gut miteinander in Einklang bringen kann und daraus eine für die Entwicklung der eigenen Persönlichkeit fruchtbare Spannung ableitet. — Wer ist es?
Es handelt sich um *Helmut Schmidt.* (Nein, er war nicht in unserer Praxis. Wir entnahmen seine Handlinien einigen Abbildungen in einer Illustrierten, der er ein Interview gewährte.) Schmidt ist tatsächlich ein Spätentwickler (in politischer Hinsicht) und zeigt jenes Doppelgesicht der Arroganz und Bescheidenheit, das ihm den Spitznamen ›Feldwebel‹ bei unseren europäischen Nachbarn eingetragen hat, während seine Bescheidenheit seinen Kollegen in der Partei und anderen gesellschaftspolitischen Gruppen gegenüber viel weniger auffällig ist (und seine Gegner auch nicht interessiert). In Verhandlungen ist er als zäher und aus-

dauernder Redner, Denker und Gegner bekannt. Seine Verschlossenheit ist auch bekannt: Er liebt einsame Entschlüsse (z. B. bei Kabinettsumbildungen), aber in Krisensituationen kann er die besten Eigenschaften seiner unterschiedlichen Kopflinien vereinbaren: vorsichtige Absicherung mit entschlossenem, optimistischem Handeln.

AUFGABE 1

Sie besuchen das Ehepaar G. und betrachten deren Liebeslinien. Es ergibt sich folgendes Bild:

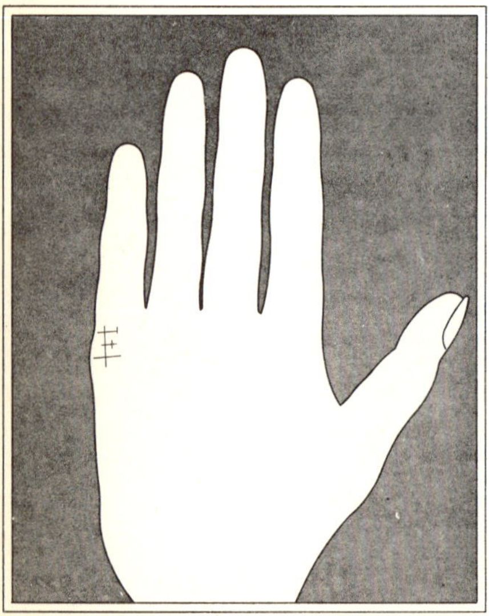

Abb. 115

Abb. 116

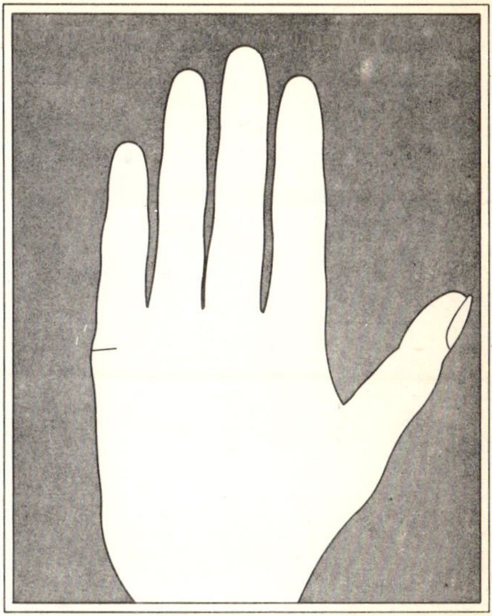

Links sehen wir die Linien von Herrn G., rechts Frau G. Was können Sie über deren Ehe aussagen?

AUFGABE 2

Ulrike will seit ihrem zehnten Lebensjahr Schauspielerin werden, aber ihre Eltern sind dagegen. Welche Voraussetzungen bringt sie für diesen Beruf mit?

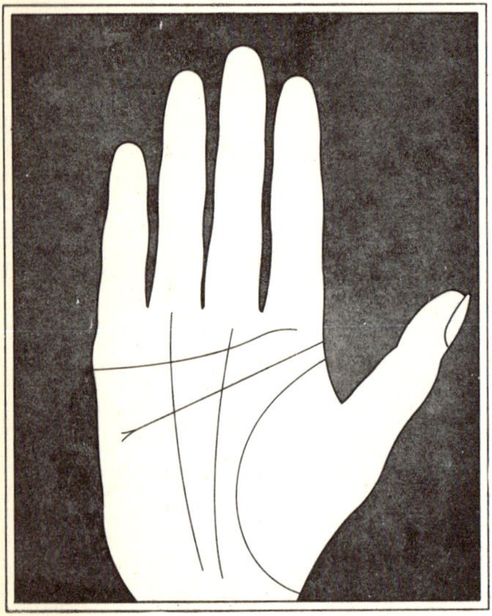

Abb. 117

AUFGABE 3

Herr F. kommt aus dem Universitätsmilieu und ist den unkomplizierten Umgang mit Studenten gewöhnt. Aus beruflichen Gründen muß sich Herr F. verändern, und so bewirbt

Abb. 118

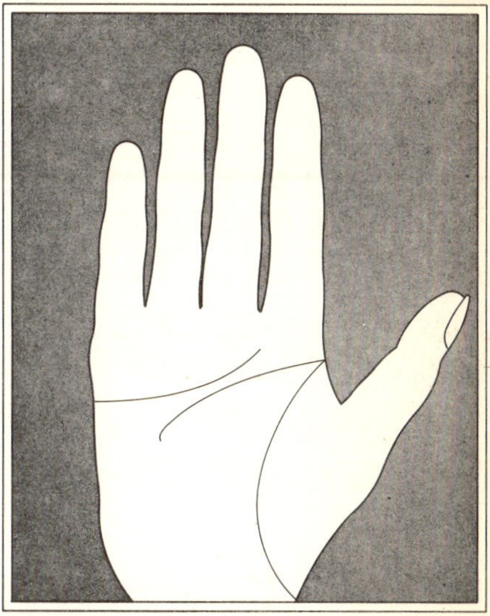

er sich bei der Firma S. Dort empfängt ihn ein jovialer Herr mit freundlichen Manieren, der ihm auch seine künftigen Mitarbeiter vorstellt. Sowohl bei seinem Chef in spe als auch bei einem seiner zukünftigen Kollegen bemerkt Herr F. im Verlauf des gemeinsamen Mittagessens folgende Konfiguration.

Was ist Herrn F. zu raten? Soll er die Stellung antreten?

AUFGABE 4

Herr H. ist in einer Munitionsfabrik beschäftigt und berichtet Ihnen von einem fantastischen Vorfall: Man hätte auf ihn in der Firma ein Attentat verübt, und er wäre nur dank kluger Voraussicht dem sicheren Tod entronnen. Wie glaubwürdig ist Herr H.?

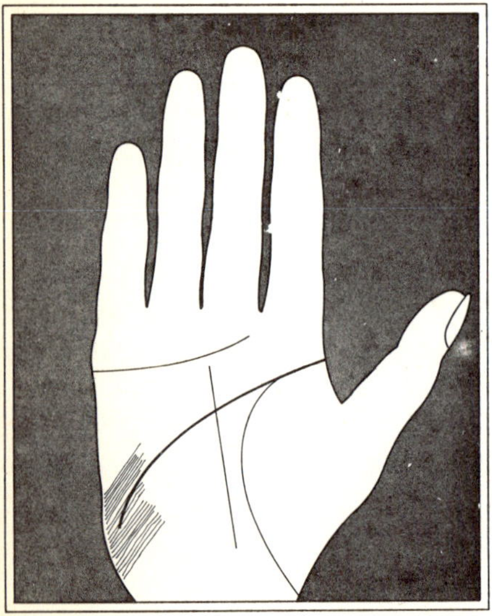

Abb. 119

AUFGABE 5

Welchen Beruf übt Herr T. aus?

Abb. 120

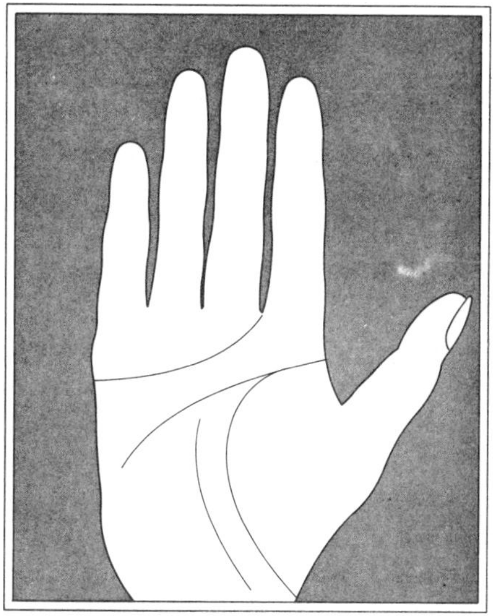

a) Ressortchef der Außenhandelsabteilung einer großen Metallwarenfirma;
b) Verfasser von Kriminalromanen und Fernsehdrehbüchern;
c) Assistent am mathematischen Institut einer Universität.

(Hinweis: Die Länge der Kopflinie sagt etwas aus über die ›Länge‹ des Denkens.)

AUFGABE 6

Auf einer Party begegnen Sie einer jungen Dame, die Ihr Freund als ›heiße Oma‹ bezeichnet (was nichts mit ihrem Alter zu tun hat). Auf dem Heimweg schwärmt er noch von ihr und meint, mit der hätte (oder würde) er gern, wegen der Leidenschaft und so. Auf der Party haben Sie jedoch der Dame die Hände gelesen und dabei folgendes gesehen:

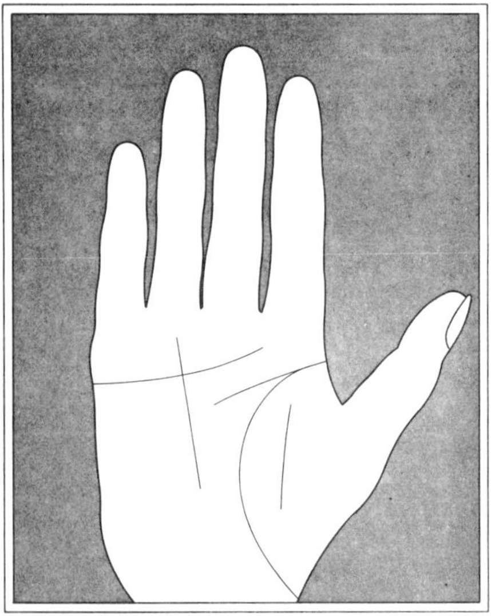

Abb. 121

Was können Sie Ihrem Freund sagen?

AUFGABE 7

Sie sehen hier die Hände von Alfons (rechts unten) und Elvira (rechts oben). Welche Probleme können in ihrer Partnerschaft auftreten und wie könnte man ihnen beikommen?

Abb. 123

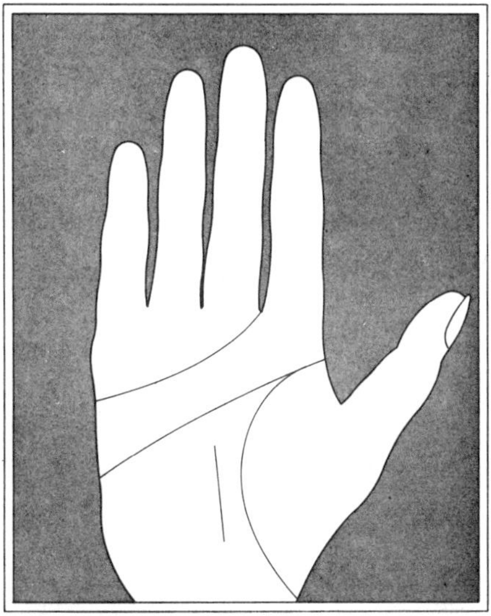

Abb. 122

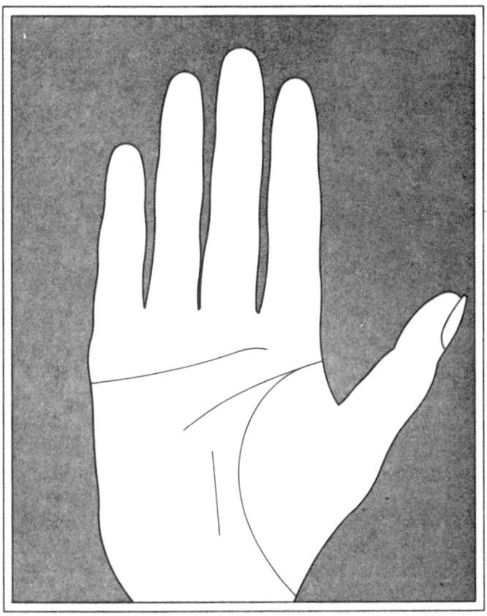

AUFGABE 8

Herr M. ist von Beruf Bankangestelllter. Seine linke und seine reche Hand unterscheiden sich:

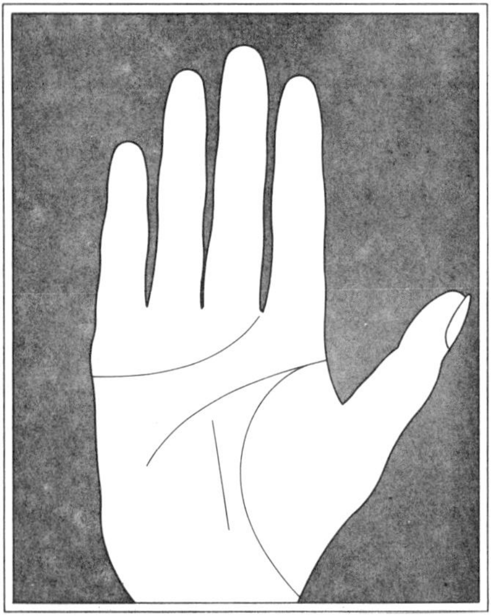

Abb. 124

a) Wieweit hat Herr M. seine angeborenen Fähigkeiten gefördert bzw. vernachlässigt?
b) Welche Umweltbedingungen braucht Herr M., um gut arbeiten zu können?

Abb. 125

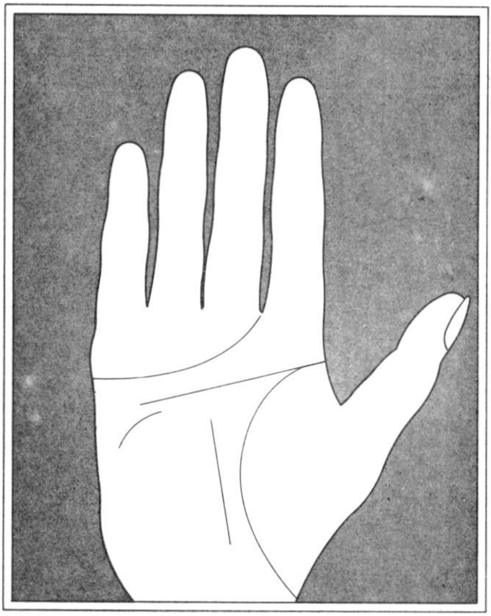

AUFGABE 9

Beatrice möchte Lehrerin werden, und zwar für Kunst, Musik oder Sport. Was spricht dafür, was dagegen?

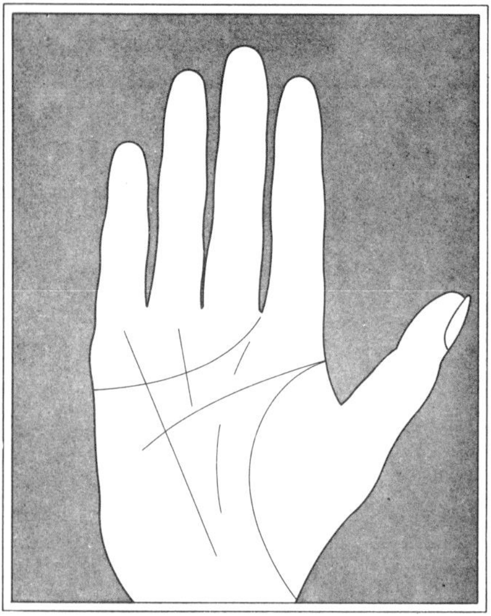

Abb. 126

AUFGABE 10

Erstellen Sie am Beispiel der abgebildeten Hand ein ›Persönlichkeitsprofil‹, d. h., kreuzen Sie diejenigen Eigenschaften an, die auf Grund der Handlinien (überwiegend) zutreffen.

Abb. 127

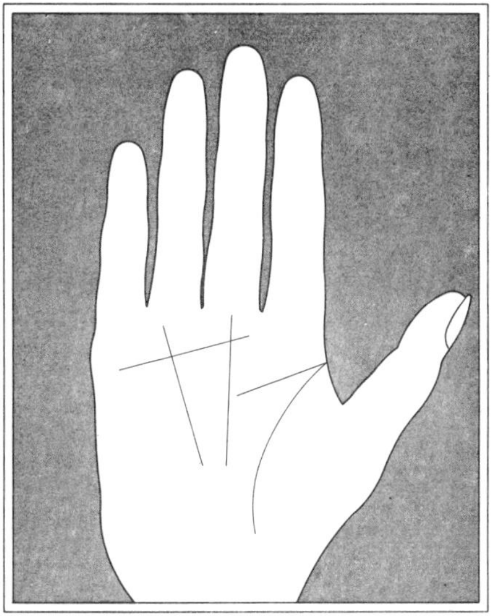

(1)	O	nachgiebig	—	willensstark	O
(2)	O	erfolgreich	—	erfolglos	O
(3)	O	langes Leben	—	kurzes Leben	O
(4)	O	künstlerisch	—	ohne Kunstverständnis	O
(5)	O	höchstens eine Partnerschaft	—	mehr als eine Partnerschaft	O
(6)	O	geistig flexibel	—	starrsinnig	O
(7)	O	handelt überlegt	—	handelt unüberlegt	O
(8)	O	bedächtig	—	rasch entschlossen	O
(9)	O	warmherzig	—	kaltherzig	O
(10)	O	hohe Intelligenz	—	niedrige Intelligenz	O

Lösungen zu den Aufgaben

Aufgabe 1
Es ergibt sich der scheinbare Widerspruch, daß Frau G. eine glückliche Ehe führt, da ihre Ehelinien stark und ungetrübt sind, Herr G. dagegen eine unglückliche Ehe auf Grund der vielen Durchkreuzungen. Wie kann aber ein und dieselbe Ehe einmal glücklich und einmal unglücklich sein? Die Antwort ist ganz einfach: Offenbar kriselt es in der Ehe, aber Herr G. erlebt die kleinen Unannehmlichkeiten sehr stark, während Frau G. offenbar die Gabe hat, alles unter den Teppich zu kehren und so zu tun, als sei die Welt in Ordnung (wovon sie auch im Innersten überzeugt ist).

Aufgabe 2
Die allerbesten! Die Lebenslinie ist kräftig und wohlausgewogen und zeigt eine gute Gesundheit und Vitalität. Die Schicksalslinie läuft ungebrochen in den Mittelfingerberg. Parallel dazu ist eine geradezu phänomenale Kunstlinie ausgebildet. Herz- und Kopflinie sind gerade und erhalten ihre Energien aus dem Zeigefingerberg, der Region des Einsatzes, des Selbstbewußtseins und der öffentlichen Anerkennung (die Kopflinie beginnt, die Herzlinie endet dort). Beides deutet auf Zielbewußtsein, auch in Verstandes- und Gefühlsangelegenheiten und Unbeirrbarkeit. Der Abstand zwischen Kopf- und Lebenslinie weist auf Charme und Impulsivität, was einem in der Öffentlichkeit auftretenden Künstler zum Vorteil gereicht. Tatsächlich handelt es sich um die Hand einer berühmten Schauspielerin, um Madame Sarah Bernhardt.

Aufgabe 3
Der enge Abstand zwischen Herz- und Kopflinie deutet auf Engstirnigkeit und ein Beharren auf formalen Vorgehensweisen. Dem toleranzgewohnten Herrn F. ist zu raten, sich nach einem anderen Arbeitsplatz umzusehen.

Aufgabe 4
Die unzähligen feinen Linien am Außenberg und die tief in den unteren Außenberg führende Kopflinie zeigen eine hohe Intuitions- und Eingebungskraft, die ihren Träger manchmal dazu verleitet, den Unterschied zwischen Fantasie und Wirklichkeit zu vergessen. Herrn H.s Erzählungen ist mit Skepsis zu begegnen.

Aufgabe 5
Die lange Verbindung zwischen Kopf- und Lebenslinie und die weite, etwas müde geschwungene Kopflinie verraten einen eher vorsichtigen, ängstlichen, gründlich denkenden Menschen. Eine solche Einstellung ist für die Berufe a) und b) nicht geeignet (bei einem Schriftsteller müßte die Kopflinie weiter hinab in den Bereich der Fantasie tauchen). Als stiller, logisch denkender Wissenschafter dagegen hat Herr T. sicher den richtigen Beruf.

Aufgabe 6
Die junge Dame hat eine stark ausgeprägte Hemmungslinie. Die vermutete Leidenschaft ist sicherlich stark gebremst.

Aufgabe 7
Kopflinie: Elviras Kopflinie verläuft eher gerade und ziemlich weit zum Handrand. Sie ist also stark an anderen Menschen interessiert und formt sich ziemlich schnell ein Urteil, das manchmal wie ein Vor-Urteil aussieht. Alfons dagegen ist mehr in sich gewandt und an anderen Menschen

wenig interessiert. Ihr Interesse an Mitmenschen erscheint ihm als Schnüffelei; seine Gleichgültigkeit anderen gegenüber betrachtet sie als Hartherzigkeit.
Herzlinie: Elviras Herzlinie läuft stark nach oben, d. h. sie ist sehr stark partnerorientiert und nimmt Mißstimmigkeiten in der Partnerschaft sehr ernst. Alfons Herzlinie verläuft gerade; er ist eher kühl, gefühlsmäßig distanziert und nimmt partnerschaftliche Konflikte nicht so tragisch.
Kopf- und Lebenslinie: in beiden Händen eine gute Verbindung. Hier liegt auch die Gemeinsamkeit und der Ansatzpunkt zur Lösung der Probleme: Beide besitzen Sensibilität, Einfühlungsvermögen und Verständnis füreinander sowie die Fähigkeit, Probleme durch vernünftiges Miteinanderreden zu lösen.

Aufgabe 8
Von der Anlage her hat Herr M. einen guten Zugang zu den schöpferischen Bereichen seiner Persönlichkeit (Kopflinie in den Bereich der Fantasie verlaufend), aber diese Fähigkeiten sind auf Grund des Bildes der rechten Hand völlig verkümmert. Herr M. hat sich mit dem Verstand ganz auf den Lebenskampf eingestellt.
Die Herzlinie endet in der Beuge zwischen Zeige- und Mittelfinger. Herr M. ist also stark partnerbezogen und braucht für seine Arbeit ein gutes Arbeitsklima (gute Beziehungen zu seinen engeren Kollegen und zu seinem Vorgesetzten).

Aufgabe 9
Dafür sprechen: die gut ausgeprägten Bewegungs- und Kunstlinien sowie die leicht nach unten geschwungene Kopflinie, die den nötigen Bestand an Fantasie und schöpferischen Fähigkeiten garantiert.
Dagegen sprechen die schwach ausgeprägte Schicksalslinie

und vor allem die zu weit nach oben verlaufende Herzlinie. Es besteht die Gefahr, daß Beatrice zu starke gefühlsmäßige Beziehungen zu ihren Schülern entwickelt und dadurch an Autorität verliert.

Aufgabe 10

Das Profil sieht so aus (zutreffende Eigenschaft in Klammern):

(1)	O	⊗	(willensstark)
(2)	⊗	O	(erfolgreich)
(3)	O	O	(keine Aussage möglich)
(4)	⊗	O	(künstlerisch)
(5)	O	O	(keine Aussage möglich)
(6)	O	⊗	(starrsinnig)
(7)	⊗	O	(handelt überlegt)
(8)	O	⊗	(rasch entschlossen)
(9)	O	⊗	(kaltherzig)
(10)	O	O	(keine Aussage möglich)

(1): gerade Kopflinie
(2): gerade Schicksalslinie
(4): vorhandene Kunstlinie (deutet zumindest auf Interesse an Kunst)
(6): gerade Kopflinie
(7): Verbindung zwischen Kopf- und Lebenslinie
(8): Verbindung ist nur kurz, desgleichen die Kopflinie
(9): gerade Herzlinie
(3) und (10) kann man einer Hand nicht entnehmen,
(5) nur dann, wenn die Liebeslinien sichtbar sind.

Es handelt sich um die Handinnenfläche von *Adolf Hitler!*

Ausblick

Zum Abschluß unserer Exkursionen ins Reich der Hände ein paar Vorschläge für weitere Studien. Abgesehen davon, daß Sie all Ihren Bekannten die Hände lesen sollten (und die dabei gewonnenen Erkenntnisse mit Ihrem jetzigen Bild von diesen Menschen vergleichen), können Sie Ihre Studien auch auf Personen ausdehnen, die Ihnen die Hände nicht zeigen, oder die gar nicht existieren.

Wir meinen damit zum einen das Studium der Handlinien von Menschen, die in der Öffentlichkeit auftreten — Politiker, Künstler — und von denen Abbildungen in Zeitschriften, im Fernsehen oder Kino zu sehen sind. Auch sie haben Hände, nur ist es meist schwierig, einen Blick auf ihre *Innenhände* zu werfen. Bei einiger Übung gelingt dies aber ganz gut. Man muß sich nur vergegenwärtigen, daß jeder Einblick nur kurz (meist sehr kurz) möglich ist und daß die Linien dabei infolge des Abbildungsrasters nicht sehr deutlich hervortreten. Dennoch sind auch auf diese Art erstaunliche Einblicke möglich. Achten Sie besonders bei Reden von Politikern darauf, wenn sie ihr Publikum begrüßen (häufig werden dabei die Handinnenflächen dem Volk oder der Kamera zugewandt) oder wenn sie die Hände zur Unterstützung der Rede benutzen.

Aber nicht nur die dabei kurz sichtbaren Handlinien geben Aufschluß über Charakter und Konstitution, sondern auch die Handbewegungen und Gesten. So gibt es Menschen, die ihre Handinnenflächen niemals nach außen wenden; sie sind verschlossen und wollen sich nicht ›in die Karten‹ blicken lassen. Andere wiederum verstecken ihren Daumen. Daraus kann man schließen, daß sie sich in der gegenwärtigen Situation unwohl fühlen, verkrampft sind und sich am liebsten verkriechen möchten. Diese Beobachtungen gehören allerdings zum Gebiet der vergleichenden Verhaltensforschung, in der die Bedeutung der ›Körpersprache‹ entschlüsselt wird.

Wenn wir vorhin von nicht ›existierenden‹ Personen sprachen, so dachten wir an Statuen oder Menschen auf Gemälden. Wann immer sie in ein Museum, eine Gemäldegalerie oder in einen Park mit Statuen kommen, schauen Sie sich doch die Hände an. Sie werden bemerken, daß zu verschiedenen Zeiten (Stilepochen) unterschiedliche Handlinienmuster gemalt/gezeichnet/modelliert wurden. Im Mittelalter beispielsweise findet man häufig auf Gemälden und Statuen die folgende Handlinienkonfiguration:

Abb. 128

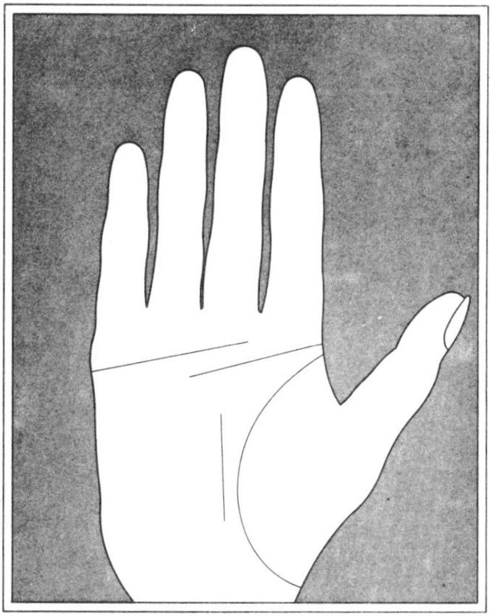

Eine hohe Herzlinie läßt wenig Raum für ein volles, großzügiges, feingegliedertes Seelenleben, im Gegenteil, auf dem

Gefühlssektor herrscht eine gewisse Kälte und Undifferenziertheit. Der weite Abstand zwischen Kopf- und Lebenslinie spricht für eine impulsive, wahrscheinlich auch rücksichtslose Natur. Die gerade Kopflinie verstärkt diesen Trend. Alles in allem (sofern wir diese Konfiguration als typisch für diese Zeit auffassen können): keine angenehmen Menschen!

Derartige Studien, wie sie hier im Ansatz gezeigt wurden, fehlen fast völlig. Sie sind ein dankbares Feld für künftige Chirologie-Adepten und könnten die Kulturgeschichte bereichern.

Literatur

Literatur über Handlesen ist im allgemeinen schwer zugänglich. Es gibt wenig moderne Literatur. Die mit einem * gekennzeichneten Bücher sind besonders empfohlen.

Brobeck, Friedrich: *Das »M« in unserer Hand.* Helioda Verlag, Gretzenbach (Schweiz) 1974

* Buttkus, Rudolf: *Die Rätsel der Hand.* Hermann Bauer Verlag, Freiburg 1968

* Cheiro: *Palmistry for all.* Arc Books, New York 1969

Cheiro: *Cheiro's Language of the Hand.* Herbert Jenkins, London 1958.

Engelhardt, Rudolf: *Das Wissen von der Hand.* Uranus Verlag, Memmingen/Bayern 1932

Issberner-Haldane, Ernst: *Die wissenschaftliche Handlesekunst.* Falken Verlag, Berlin, diverse Auflagen

Issberner-Haldane, Ernst: *Die medizinische Hand- und Nageldiagnostik.* Hermann Bauer Verlag, Freiburg 1963 (Erstauflage 1925)

* Kurth, Hanns: *Die Zukunft Ihres Kindes. Prognosen aus Hand und Sternen schon bei Neugeborenen.* Ramón Keller Verlag, Genf 1974

Mangin, Henri: *Medizinische Hand-Diagnostik.* Rascher Verlag, Zürich 1956

Mangoldt, Ursula von: *Wer bin ich? Lebens- und Schicksalsweg aus dem Bild der Hand.* Herder Verlag, Freiburg 1977

Mangoldt, Ursula von: *Schicksal in der Hand.* O. W. Barth Verlag, München-Planegg 1974

Mangoldt, Ursula von: *Sinnesstörungen in der Signatur der Hand.* O. W. Barth Verlag, München-Planegg 1950

Mangoldt, Ursula von: *Kinderhände sprechen.* O. W. Barth Verlag, München-Planegg 1951

* Mangoldt, Ursula von (Herausgeber): *Das Große Buch der Hand.* O. W. Barth Verlag, München-Planegg 1967

* Steindamm, Hugo; Ackermann, Elsbeth: *Hand und Persönlichkeit.* A. Marcus und E. Weber's Verlag, Berlin 1947

Steindamm, H.; Ackermann, E.: *Kriminelle Anlagen in Hand und Handschrift.* Hans Huber Verlag, Bern und Stuttgart 1958